国家重点研发计划项目(2018YFB1201401)资助出版

规划型铁路编组站
列车集结理论与方法

林　枫　郑平标　徐利民　著

中国铁道出版社有限公司

2022年·北京

内容简介

本书分析货车采用定时、定编集结在编组站的作业特点，利用“随机服务系统理论”（简称“排队论”）建立货车在“集结—编组—出发系统”和“到达—解体系统”内的排队模型，通过“补充变量法”和“嵌入马尔可夫链”的技术方法，计算得到货车在编组站内采用定时集结相比定编集结节省的总平均停留时间、加开列车数，以及定时集结欠轴率和欠轴车数。然后，根据定时相比定编集结变化的指标值，应用支出率法计算两种集结模式的技术经济适用条件。

本书可供铁路运输专业的学生和从事铁路运输工作的工程技术人员、管理人员和科研人员学习、参考。

图书在版编目(CIP)数据

规划型铁路编组站列车集结理论与方法/林枫，郑平标，徐利民著.—北京：中国铁道出版社有限公司，2022.4
国家重点研发计划项目(2018YFB1201401)资助出版
ISBN 978-7-113-27470-2

Ⅰ.①规… Ⅱ.①林… ②郑… ③徐… Ⅲ.①铁路运输-货物运输-车辆集结-研究 Ⅳ.①U294.1

中国版本图书馆CIP数据核字(2020)第240369号

书　　名：规划型铁路编组站列车集结理论与方法
作　　者：林　枫　郑平标　徐利民

责任编辑：悦　彩　**编辑部电话：**(010)51873206　**电子邮箱：**sxyuecai@163.com
封面设计：尚明龙
责任校对：焦桂荣
责任印制：高春晓

出版发行：中国铁道出版社有限公司(100054，北京市西城区右安门西街8号)
网　　址：http://www.tdpress.com
印　　刷：北京建宏印刷有限公司
版　　次：2022年4月第1版　2022年4月第1次印刷
开　　本：880 mm×1 230 mm 1/32　**印张：**4.75　**字数：**115千
书　　号：ISBN 978-7-113-27470-2
定　　价：39.00元

前　言

近年来，我国致力于构建发达、完善、高质量的国家综合立体交通网。《国家综合立体交通网规划纲要》提出，到2035年，国家综合立体交通网实体线网总规模合计70万km左右，其中铁路20万km左右，我国将基本建成便捷顺畅、经济高效、绿色集约、智能先进、安全可靠的现代化高质量国家综合立体交通网，实现国际国内互联互通、全国主要城市立体畅达、县级节点有效覆盖，有力支撑“全国123出行交通圈”和“全球123快货物流圈”。铁路作为国家综合立体交通网的骨干，“十三五”时期铁路网特别是高速铁路网规模和质量实现重大跃升，“四纵四横”高速铁路网提前建成，“八纵八横”高速铁路网加快成型。截至2021年底，我国铁路营业总里程已突破15万km，规模居世界第二，其中高速铁路营业里程超过4万km，居世界第一。全国铁路网对20万人口以上城市覆盖率达到99.1%，“八纵八横”高铁网对50万人口以上城市覆盖率达到89.9%。路网结构不断优化的同时，我国铁路货运组织发展形势如下：

铁路货运站规模不断扩大，技术站功能趋于集中。2020年底，全路路网性、区域性、地方性三大类编组站超过

70个,区段站超过300个,为全路南来北往的车流组织提供支撑,将区域经由的零散车流组织成列。为满足地区之间货物的交流,编组站主要分布在大量车流集散的地方以及路网重要节点,为不同方向的货运交流提供保证。而我国当前货运需求主要集中在东部、中部地区,相对而言我国铁路技术站分布不均衡。我国东部地区路网密度大、网络复杂,货运需求旺盛且波动性强,但服务东部路网的编组站、区段站相对较少,占比不高。而西部地区路网密度低,但编组站、区段站相对密集。部分技术站偏离货运主通道,形成折角运输,各种作业干扰严重,不利于运输组织。根据作业量和车站总体改编能力分析,向塘西、乔司、南京东等编组站总体改编能力不能满足高峰作业需要,哈尔滨南上行系统、苏家屯上行系统能力紧张,济西、蓝村西到发线能力不足,裕国、长春北、衡阳北、石家庄南、南宁南、龙川北分类线不足,不能适应编组去向多的要求。

运输时效性差、货物积压导致编组站改编能力紧张是制约铁路货运发展的主要因素。因此,加快货物的集结和送达速度,保障货物运到时限是提升铁路货物运量、提高路网综合运用效率的有效措施。由于大部分铁路货物列车需要经编组站进行改编作业,优化货物列车在编组站的作业效率是一个亟待解决的问题,最关键的解决方案是对现有的组织型行车组织模式进行改革。

在编组站内,将现有定编集结模式转变为定时集结模式,对于指导编组站行车组织模式改革、提高货物运输时效性具有显著效果。为了得到定时、定编集结模式的经济适用条件,从理论上深入研究了影响定时、定编集结模式技术经济效益的关键因素,针对不同情况提出经济上节约成本、技术上先进的最优集结模式。

为实现该目标,基于随机服务系统理论(或排队理论),构建了货车采用定时、定编集结模式在集结编组系统以及前方编组站解体系统的排队模型,计算得到货车采用定时集结相比定编集结节省总平均停留时间以及加开列车数。应用支出率法,计算不同去向车流采用定时集结相比定编集结节省的货车技术经济效益,并分析不同车流量和定编集结开行列车使用系数对定时集结节省技术经济效益的影响,从而确定定时集结模式的经济适用条件。

本书包括六章,具体内容如下:

第1章为铁路货物运到期限及其影响因素研究。分析铁路货物运到期限的主要影响因素,探索行车组织模式、集结模式等因素对编组站作业的影响,从而得出保障货物运到时限的主要策略和组织方法。

第2章为编组站排队系统分析。主要阐述编组站系统的特性和构成,以及随机服务系统的构成和特征,从而得出编组站具有随机服务系统的特征,因此可以采用随机服务系统理论建立编组站的排队过程,分析货物列车在编组站内的排队指标。

第3章为编组站集结模式分析与车流到达规律研究。当编组站采用规划型行车组织模式时,集结模式为定时集结;当编组站采用组织型行车组织模式时,集结模式为定编集结。本章分析两种集结模式的作业特点和适用性,并统计分析编组站内车流到达规律,为建立排队系统提供理论支撑。

第4章为集结编组出发系统排队模型。将集结、编组和出发系统作为一个整体研究,分析货车在该系统的作业特点,基于排队论理论,分别建立货车采用定时、定编集结在该系统的排队模型,并求解定时、定编集结货车平均停留时间,定时集结出发列车的欠轴率和平均欠轴车数,以及定时集结加开列车数等相关指标值,之后定量分析车流量和开行列车使用系数对所求指标值的影响。

第5章为到达解体系统排队模型。将到达、解体系统作为一个整体研究,分析货车在该系统的作业特点,基于排队论理论,分别建立货车采用定时、定编集结在该系统的排队模型，并计算定时、定编集结货车平均停留时间、驼峰解体调车时间等指标值，之后定量分析车流量对上述指标值的影响。

第6章为相关因素影响分析和技术经济效益计算。依据“指标因素影响分析法”，将相关指标分为积指标和商指标两类，根据微分求解，计算“车流量、开行列车负荷、定时集结平均编成辆数”等因素对所求指标值的影响值，从而得出指标值的主要影响因素排序，以及各种指标值随不同因素的变化规律，并为定时、定编集结模式经济适用条件分析提供影响因素集和决策依据。应用支出率法计算定时、定编集结模式的技术经济效益，从而确定两种集结模式的适用条件。

本书由中国铁道科学研究院集团有限公司林枫、郑平标、徐利民撰写。其中，第1章、第2章由郑平标撰写；第3章、第4章、第5章由林枫撰写；第6章由徐利民撰写。

本书编写资料得到国家重点研发计划项目“高速铁路成网条件下铁路综合效能与服务水平提升技术(2018YFB1201401)”的支持。

本书编写历时三年多，由于中国高速铁路网快速拓展，铁路运输组织技术随之不断变化，理论研究与现场实际也不断探索中，编写时间仍显紧促，错误和疏漏在所难免，热诚欢迎各位专家和同行批评指正，以便修改完善。

著　者

2022年1月

目　录

1 铁路货物运到期限及其影响因素研究

铁路货物运到期限是铁路运输合同的重要组成部分,是保障客户合法权益的关键,铁路部门应当在铁路运输合同规定的运到期限以内将承运的货物送达目的站。运到期限是铁路部门给予客户的时间承诺。本章通过分析货物运到期限的主要影响因素,探索行车组织模式、集结模式等因素对编组站作业效率的影响,从而得出保障货物运到时限的主要策略和组织方法。

1.1 铁路货物运到期限及其影响因素分析

铁路货物运到期限是指铁路在现有技术设备条件以及运输组织水平的基础上,根据货物运输种类和运输条件,将货物运送一定距离而规定的时间[1]。影响铁路货物运到期限的因素主要包括以下四个方面:

1. 货物组织水平

参考国家统计局统计年鉴数据,在铁路货运市场中,铁路煤炭、矿石、石油等大宗商品货物的运输量占比较大,而对时效性要求较高的高附加值集装箱货物运输的比重却较小,虽然 2019 年集装箱货运量较 2018 年所占比重略有提升,但还远远不足。在电子电器、药品等高附加值货物全社会运量比重大幅增长的大环境下,铁路货物运输在电子产品、纸制品、建筑材料、医药用品等高附加值货物的装车数占总装车数的比重略有下降[2]。

究其原因,是铁路在进行此类货物的运输时,没有能够很好地保证此类货物运输的时效性、便捷性,使得此类货主不愿意将货物交由铁路负责输送,因此,铁路在制定运到期限时,首先要对货物的品类进行分类,对于时效性高、附加价值高的小品类货物,应考虑采用不同的铁路货物装运方案,有针对性地进行铁路运输组织产品设计,货物的运到期限应按货物种类分别设定。

此外,就同种类货物而言,货源地的不同也会导致货物在运输时路径选择的不同,不同路径上运输设备和能力也限制了货物运输的时间。因此,良好的货物组织水平能够缩短货物的运输时间,提高货物的运输效率。

2. 编组站集结模式

编组站作为车流集结和疏散的关键点,其设备能力和作业组织水平对货物在站停留时间有很大影响。纵观编组站整个到、解、集、编、发作业,到达作业和出发作业的时间消耗最少,可优化空间较小,而货车在编组站停留时间的不确定性以及时间消耗主要集中在货车的解编和集结作业之中。此外,将到达编组站进行中转作业的货车按照作业性质可分为有调中转车和无调中转车,其中无调中转车只在编组站进行简单的到达及出发作业,作业流程相对简单且用时较短。

现阶段编组站普遍采用满轴的集结方式,集结时间较长,使得车列在集结过程中耗费大量的时间用于等待,大大降低了铁路货物运输的时效性。参照我国部分主要编组站的作业时间统计,集结时间一般约占改编作业总时间的40%~50%,因此,对集结过程的优化空间较大且优化效果明显。此外,优化编组站车列集结模式,相较于满轴为条件的刚性集结,采用满足最小编成辆数的柔性集结可以有效缩短车辆在站停留时间,缩短货物运到期限,提高铁路货物的运输效率,增强铁路与其他运输方式相比的竞争力。

3. 行车组织模式

当前,我国主要采用组织型的行车组织模式来进行货物运输生产,具体的行车工作主要按照调度给予的日常运输工作计划来执行,同时在货物列车的调度指挥中,把运能发挥最大、设备能力充分利用放在主要位置,这导致在进行货车调度时,很难保证货物列车的正点到发。此外,我国铁路货物列车的等级及编组原则,除行包专列等特殊专列外,主要依据的是货物的流向和流距,即按去向、距离、区段站分工以及列车编组计划来对列车进行集结编组而没有将货物的品类以及客户对货物时效性的要求作为考虑的重点,基本上仍属于生产管理型的运输组织方式,对市场的适应能力较弱。在作业流程上,串联的作业方式使得各项作业必须依次完成,且整个过程需要多个部门协调进行,这些都限制了铁路运输效率的提升。

4. 人员因素

铁路运输生产过程的各个环节离不开铁路人员的操作。铁路人员的车流组织水平、调度水平会在一定程度上对货物时效性造成影响。因此,在主观方面,运输部门需要强化货物及时送达方面的考核规定,提高车流组织方面的信息化水平及作业组织技能,减少生产环节中人员失误概率,尽量减轻人员因素的影响。

综上分析,除开人为主观因素,将货物按品类确定运输的先后缓急制定相应的运到期限,缩短货物在编组站的停留时间,优化车列集结模式及行车组织模式,都可以提高铁路货物的运输效率及质量。本书主要研究在改变已有行车组织模式的前提下,优化集结模式,从而压缩货物在编组站的停留时间,保证货物运到期限,提高铁路货物的运输效率。

1.2 行车组织对编组站作业影响分析

铁路运输系统在长期的运行过程中,逐步形成了列车编组计划和列车运行图两个基本的技术性文件和一套有效的行车组织方法[3,4]。

根据在运输组织过程中,对年度规划性行车基本技术文件(主要指列车编组计划和列车运行图)和日常调度指挥工作两个方面侧重的不同,胡思继[5]将世界各国的行车组织模式大体上分为两类,即规划型行车组织模式和组织型行车组织模式。日本及德国、法国等西欧国家的铁路基本上采用规划型行车组织模式;我国及部分东欧国家铁路则基本上采用组织型行车组织模式。

规划型行车组织模式[6],以年度规划性行车基本技术文件列车编组计划和列车运行图为组织运输和列车运行的基础,而以日常调度指挥工作作为行车组织的辅助。实行规划型行车组织模式,要求铁路的运输能力要有一定的富余,对列车编组计划和列车运行图的编制要求大大提高。规划型行车组织模式以详尽的货流调查资料、准确的运输统计分析资料和车流调查资料为依据,通过详尽地规划,编制确定流线紧密结合的列车编组计划和列车运行图。在这一模式下,对列车编组计划和列车运行图的执行较为严格,列车运行图是列车运行组织的核心,一旦制定,具有权威性,任何方面不得单方面变更运行图,行车组织的职责主要在于维护列车运行秩序,保证按图行车。

组织型行车组织模式[6],以日常的调度指挥工作为核心,而以年度规划性的基本技术文件为依据来组织运输工作。在这种情况下,列车编组计划和列车运行图具有一定的假设性和轮廓性,通常流线结合的程度并不是很高。组织型列车运行图和列车编组计划的性质,决定了调度指挥工作在行车组织工作中的主导地位和重要作用。即行车组织在列车运行图和列车编组计划的指导下,必须根据日常运输工作变化的情况,通过调度指挥的日常运输工作计划来具体组织行车工作。

我国当前是采用组织型行车组织模式,在这种组织体制中,一方面会增加协调工作量,提高管理成本;另一方面,在时间上致使货物运到时间不准时，在这种情况下，货运部门追踪货物相当困难，很难准确预测货物到达目的地的时间。同时货物在途中转时间增大，大量时间被浪费在装卸站和中转站[7]。

通过对两种运输组织模式的分析可知，两者的主要区别在于编组站内集结模式的不同，我国现阶段编组站内采用的是定编集结模式。定编集结是指按列车运行图规定的长度或重量标准，以及列车编组计划规定的编组内容编组列车。在定编集结模式中，列车发车的必要条件是集结满轴，若未能集结满轴，则车列不能按时发车。这样不仅导致货车在技术站的停留时间增加，而且使得列车的运行秩序变得混乱。随着现代物流业的快速发展，其较强的时效性使得大部分货源从铁路运输转移至公路运输，造成铁路运量的显著降低。

因此，要想解决上述问题，关键的任务是对现有运输组织模式进行改进，从根本上改善运输时效性，保证列车按图行车，同时缩短货车在站停留时间。具体方法是，严格按照运行图规定发车时间和出发运行线安排发车，且车列编成辆数不允许超过各中间站与机车牵引动力等条件允许的最大编成辆数，剩余货车留待下一列车发出，本文将这种集结模式定义为“定时集结模式”。

当编组站采用定时集结模式时，列车严格按照运行图规定时间出发，相比原有定编集结模式，货车在编组站的停留时间将减小；然而定时集结按图行车有可能产生欠轴车数，因此需要加开列车来完成车流输送任务。加开列车将增加调车机车作业次数，以及区间内机车公里、机车小时、机车乘务组小时的费用支出。

由此可知，采用定时集结模式虽然可以节省货车停留时间成本，提高货物运输时效性，但是以增加机车及工作人员的运营成本为代价。而在铁路运营工作中，采用任何车流组织和技术措施，必然要求获得最大的经济效果，因此，有必要从理论上深入分析定时、定编集结模式的经济适用条件。通过运营工作指标的分析与计算,确定编组站改变集结模式节约的运输费用支出,从而选择出技术上先进、经济合理的最优方案,为决策提供科学的依据。

由于编组站集结模式改变将导致货车在编组站平均停留时间以及出发列车数等指标值的变化,本书通过分析货车采用定时、定编集结在集结、编组、出发系统以及前方编组站解体系统的作业特点,利用随机服务系统理论(简称排队论)建立货车在集结编组系统以及前方编组站解体系统的排队模型,计算得到定时集结相比定编集结节省总货车平均停留时间以及加开列车数。应用支出率法,计算不同去向车流采用定时集结相比定编集结节省的技术经济效益,并分析不同车流量和定编集结开行列车使用系数对定时集结节省货车技术经济效益的影响,从而确定定时集结模式的经济适用条件。

1.3 国内外编组站集结模式优化研究现状

运输组织模式分为规划型和组织型两种,区别主要体现在编组站内集结模式的不同,因此集结模式的优化属于编组站运输组织优化的主要内容。本书主要论述国内外编组站运输组织优化以及集结模式优化的研究现状。根据货车在编组站作业流程及特点,编组站可以看作串并联的随机服务系统,因此,早期国内外学者主要采用随机服务系统理论(排队论)对编组站单个系统的作业过程进行描述,这样不仅可以识别系统的瓶颈,还可以得到较为精确的货车平均停留时间等参数值。通过分析系统各项参数的影响,得到不同集结模式的经济有利性条件。也有部分学者采用仿真的方法建立车流在编组站各系统的作业过程,从而分析不同集结模式的经济效益。下面将分别介绍国内外学者采用排队论方法以及仿真方法建立编组站各系统作业模型的研究现状。

1.3.1 应用排队论的集结模式优化研究现状

国外学者应用排队论对集结模式优化的研究起步较早。Petersen[8]利用经典排队模型建立了货车在不同类型编组站中的停留时间分布的预测函数,应用实际算例论证了所提出的预测函数具有较高的精度。之后,Petersen[9]应用所建排队模型,针对不同设备配置的编组站的作业流程进行了定量分析,从而得知编组站的作业瓶颈,并确定编组站的能力。Turquist 等[10]分析研究得到货车在编组站的主要停留时间发生在等待解体和集结过程中,并应用排队论建立了货车在两个作业环节的数学模型,之后分析在不同驼峰负荷和车流量的情况下,编组站采用定时和定编集结的适用条件,但前提条件是假设定时集结模式不加开列车,这不符合实际情况。

此外,一些学者针对编组站解体系统的作业规律,令解体作业时间服从爱尔朗分布,并建立系统马尔可夫链,求解得到系统平均队长以及平均停留时间等参数[11-17]。Wang 等[13,14]应用排队论研究编组站解体系统作业模型时,假设到达流服从泊松分布,而服务时间服从爱尔朗分布,服务员依据系统内停留顾客数来进行服务的中断或开始;Jain 等[15]研究单一服务员且服务时间服从爱尔朗分布的解体排队系统,且当系统空闲时驼峰休息,当系统繁忙时驼峰有可能发生故障中断服务。

在我国,黄家厚[16]将编组站看成由到达解体、集结编组和牵出发车 3 个排队系统构成的综合系统,假设每个系统的到达流服从低阶爱尔朗分布,系统作业时间或服务间隔时间服从高阶爱尔朗分布,并建立了 3 个系统的排队模型,从而确定不同负荷时系统需要的设备数量以及主要设备的合理负荷范围。毛保华[17]针对定编集结模式的作业特点,应用排队论理论分别建立了编发系统和出发系统的排队模型;而编组站采用定时集结模式时,通过理论分析的方法得到货车在编发系统的主要停留时间由集结时间和附加集结时间两部分构成。而在研究最优出发策略时,从宏观的角度说明解体系统对最优出发策略的影响很小,主要将车流采用不同集结模式在编发系统内的停留时间变化作为决定最优出发策略的关键因素。最后得到当车流量较大、系统负荷较高时,定时出发策略具有较强的优越性。吴家豪[18]应用排队论描述了车流在编组站到达—解体子系统、编组子系统、出发子系统的作业特点,并给出一般情况下的平均停留时间公式,最后以所求系统的参数值为依据,对编组站系统设计优化作了详细的阐述。

陈小斌[7]对编组站定时、定编集结模型进行了较为深入的研究。该文献首先对某编组站集结车流的到达规律进行了详细的统计分析,并对车流到达间隔时间以及车组大小分布进行了χ^2检验;之后应用概率论的方法得到定编集结模式下的满轴集结概率、晚点概率和集结车小时,以及定时集结模式下车列包含车组数的概率,出发列车的最小编成辆数以及集结车小时。最后计算定时集结模式的经济效益和社会效益。

朱晓立等[19,20]分析了列车提速对技术站工作影响的基础上,到解系统和出发系统设施设备的匹配协调程度,并应用排队论建立两个系统的排队模型,基于所得结果提出了提高到解系统和出发系统能力的有效措施。王慈光[21]对货车集结理论作了大量的工作,建立了描述简单货车集结过程的群论模型,为建立货车集结过程的排队模型奠定了基础。李夏苗等[22]建立了编组站定时、定编发车模式的经济模型,并分析了不同参数对定时、定编发车模式经济适用性的影响。王如义[23,24]为了准确计算发车模式不同产生的运输成本的变化,综合分析了不同发车模式对编组站工作组织的影响,通过仿真的方法,研究了最小编成辆数变化对列车出发秩序和出发均衡性的影响。计算货车在解体系统和编发系统的停留时间时,王如义[23,24]和李夏苗[22]直接引用 Turquist[10]中的有关公式。

1.3.2 基于仿真集结模式优化的研究现状

国外研究中,Shughart 等[25]将编组站系统划分为若干子系统,并分析了货车在各系统的作业过程,对每个子系统的目标、约束和仿真规则进行了详细的设计,最后给出了具体算例的实施过程。

在我国,不同学者对编组站各子系统和整体系统的仿真模型做了大量的研究,其中对编组站各个子系统采用仿真方法的研究成果较为丰富。

陶德高等[12]应用数理统计得到输入流服从伽马分布,列检输出流服从指数分布以及列检和解体时间服从高阶爱尔朗分布的基础上,应用排队理论和蒙特卡洛理论建立了采用双溜放驼峰作业方案的到解系统计算机模拟模型,通过对不同参数进行模拟实验得到结论:驼峰采用双溜放作业方案优于传统的单溜放作业方案。刘晨,崔园园等[26,27]以编组站有调中时最小为目标,优化到达列车解体顺序,依据调车场的货车集结过程建立了编组站作业仿真模型,分析采用放宽条件定点集结模式时出发列车的正点率,以及压缩中时。

此外,部分学者应用计算机仿真技术构建了编组站整体仿真系统。钟雁等[28]将编组站作业系统分解为到解和编发两个子系统,在构造了解体车列确定规则、股道使用方案及活用规则、股道使用状态规则、车辆及货物状态规则、隔离限制条件检查规则、编组车次和股道选择规则以及守车溜放策略规则的基础上,构建了编组站作业组织决策系统,该系统可有效解决不同作业变更导致的复杂决策问题。孙晚华等[29]分析已有编组站的仿真模型,指出到达流的分布方法只能生成列车到达间隔时间,而不能生成列车编组内容,所以无法模拟编组站整体作业过程。蒋熙等[30]利用计算机模拟技术构造了分布式编组站作业过程的模拟培训系统,该系统由模拟参数输入与维护子系统、车场列车到发与调车作业模拟子系统、驼峰溜放模拟子系统、信号控制模拟子系统、技术站货车信息模拟子系统、指导教师专用子系统以及车站配置图输入与处理子系统等部分组成。

1.3.3 既有研究存在的问题

综合已有研究成果，大部分学者在分析不同集结模式的适用条件时，采用仿真和排队论的方法计算不同集结模式车列集结时间，从而得到不同集结模式的适用条件。

既有文献在不同集结模式适用条件等方面的研究取得了一些成果，但是对不同集结模式一昼夜出发列车数的差别，货车在集结、编组和出发系统作业过程的关联性，以及货车采用不同集结模式对前方编组站到解系统的影响等方面仍存在一些不足之处，主要体现在以下五个方面：

(1)已有文献在研究编组站内不同集结模式的适用条件时，主要采用排队论和仿真两种方法，其中排队论更适合研究该问题。

由于不同方法有自身的适应条件和理论背景，因此每种方法均有自己的优越性。排队论方法适合于从宏观角度对编组站的运营策略或布局进行最优化决策，有助于评估车站能力，从候选方案中甄别出合适的建设、运营模式；仿真方法更适合于指导动态实时计划，能够实时展现计划的编制效果，并随时监督计划的编制质量。因此，本书采用排队论的方法研究不同集结模式的适用条件。

(2)已有文献研究不同集结模式下车列平均集结时间时，没有考虑运行图规定发车时间以及剩余货车对车列集结时间的影响。

首先，定时集结模式车列的集结时间基本等于运行图规定发车间隔时间(简称“图定发车间隔时间”)；而定编集结模式车列的集结时间是由图定发车间隔时间和车列集结满轴时间共同决定，若车列在图定发车时间内未集结满轴，需要继续集结至满轴，则车列的集结时间等于车列集结满轴时间。

其次，在图定发车间隔时间内，集结货车数超出最大编成辆数时，未出发的剩余货车需留待下一列车发出，由于剩余货车数是不确定的，因而大部分文献没有计算这部分货车增加的停留时间(这部分时间对货车平均停留时间影响较大)。

应用排队论的方法可以计算货车集结过程中可能存在的各种停留时间,避免了计算货车平均停留时间时重复计算或漏算的情况发生,因此该方法在对集结过程进行宏观、中观分析时具有较强的适用性。

(3)已有文献采用排队论方法研究货车在编组站集结、编组和出发系统的停留时间时,忽略了货车在集结、编组和出发系统内作业过程的关联性。

当货车进入调车场开始集结作业后,集结、编组和出发系统是相互关联和制约的,属于同一排队系统的相关联。在计算货车平均停留时间时,不能将各系统的平均停留时间简单线性叠加,需要将货车在集结、编组和出发系统的作业过程作为一个整体来研究。

(4)已有文献研究不同集结模式的适用性时,假设一昼夜出发列车数是相同的,这与实际是不相符的。

当货车采用定时集结时,由于车列按时发车有可能产生欠轴车数,因此需要加开列车来完成车流运输任务。加开列车将增加调车机车作业次数,以及区间内机车公里、机车小时、机车乘务组小时的费用支出。

(5)已有文献研究不同集结模式的适用条件时,只分析了车列在集结、编组和出发系统内各指标值的差异,未考虑车列在到解系统的影响。

当货车采用定时集结模式时,由于列车按时发车,使得列车密集到达前方编组站的概率降低;定时集结出发列车的平均编成辆数较小,车列技术检查时间和解体时间减小,使得后续车列等待技检和等待解体时间减小。然而,定时集结出发列车数增大,将增加驼峰调车机车作业成本。因此,在研究不同集结模式的适用条件时,不仅要考虑货车在集结、编组出发系统内的指标差异,还应分析货车在前方编组站解体系统内的指标差异,从而得到较为完善的不同集结模式适用条件。

2 编组站排队系统分析

通过分析货车在编组站内的作业过程，以及编组站作为系统的特性，结合随机服务系统的构成和特征，得出编组站系统具有随机服务系统的特征，可以应用随机服务系统理论建立编组站的排队过程，从而为分析编组站内货车的排队过程和计算相关排队指标奠定理论基础。

2.1 编组站系统的特性及构成

2.1.1 编组站系统的特性

由系统的定义可知，系统是由两个或两个以上的相互联系的单元有机结合起来完成某种特定功能的集合体。系统具有 4 个特性，即整体性、相关性、目的性、环境适应性[31,32]。

铁路编组站是由到达场、驼峰、调车场、牵出线、出发场、机务段、车辆段等组成的系统。到达场，是为到达列车停放及办理上峰准备作业的场所；驼峰用以解散车列；调车场，供解散车辆集结和停留等。编组站的各项设施设备都有其特殊的功能，而且这些设施设备都是为了一个共同目的——车辆改编作业[18]。铁路编组站同样属于一个更大系统（网路系统）的子系统。铁路编组站作为一个系统具备以下五个特性。

1. 整体性

编组站系统由到达子系统、解体子系统、编组子系统、出发子系统和发车子系统等单元构成。其系统能力不是各个子系统能力之和，而是受能力最小的子系统约束，因此各子系统间协调配合较好，才能发挥编组站系统的整体功能，反之则会限制编组站系统的功能。

2. 相关性

编组站的各子系统互相关联，互相作用。例如，车列在到达子系统作业后的输出流同时是解体子系统的输入流，因此到达子系统内列检组的作业速度直接影响解体子系统的工作。

3. 目的性

编组站系统是人工系统，修建编组站的目的是在一定投资额的条件下，使得车站改编能力和通过能力达到最大，等等[18]。

4. 环境适应性

对于一个系统来说，与之存在实质性联系而又不属于该系统的一切对象的总体叫作该系统的环境。任何系统都是在一定的环境中产生，又在一定的环境中运行、演化，不存在没有环境的系统[33]。与编组站存在关系的都是它的环境，比较密切的有铁路局调度所、相邻技术站、车站、机务、车辆、工务、电务等部门。

编组站系统与环境相互作用和影响。编组站系统是因为环境需要对列车进行解编作业而产生，同时对环境产生影响。当编组站系统能够与环境保持最佳的适应状态时，则有利于系统的作业效率，使得编组站整体效率得到充分发挥；否则会制约系统的作业效率，使得系统不能很好地发挥功能。

编组站系统具有一般系统所共有的整体性、相关性等基本特点外，由于系统内车流作业的特点，还具有随机性。

5. 随机性

以编组站到达子系统为例,列车到达编组站是随机的,列车进入编组站后即摘下牵引机车进行列检作业,若前面没有车列,则立刻进行列检作业,否则排队等待。因此相邻两车列的列检作业时间间隔是随机的,车列等待列检作业的时间也是随机的。此外,车列解体后进入调车场集结新的车列时,某去向车流的集结完成时间间隔具有随机性;当集结满轴后,若前面没有车列等待编组作业,则立刻进行编组,否则排队等待,因此车列离开编组站的时间间隔具有随机性。因此,编组站系统内部各项作业具有随机性特点,属于随机服务系统。

2.1.2 编组站系统的构成

编组站主要任务是改编列车。改编列车进入编组站依次进行到达、解体、集结、编组和出发作业。承担这些作业的主要是到达场、调车驼峰、调车场、牵出线、出发场。此外,编组站还承担无改编列车换挂机车、列检和甩挂车辆等作业,为此设有直通及其相应的技术装备。这些设备,不仅独立完成各自的作业,又相互关联、相互制约。

编组站内各子系统具有排队系统的特征。前一子系统的输出流是后一子系统的输入流,例如,车列经过到达作业后,从到达子系统输出的车流就是解体子系统的输入流;且前一子系统输出流作业结束时刻即为后一子系统输入流的到达时刻,例如,挂有结束集结车组的车列解体完毕时刻,即车列集结结束时刻,为编组系统输入流的到达时刻。编组站排队系统的图解如图 2.1 所示[4]。

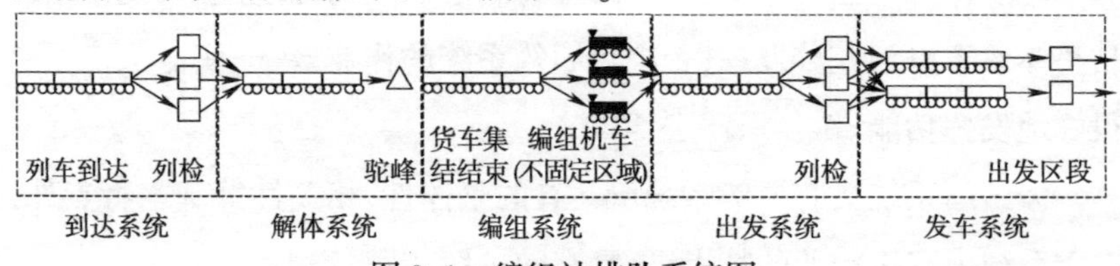

图 2.1 编组站排队系统图

根据编组站各组成部分的不同功能，可将其划分为五个排队服务系统，即到达子系统、解体子系统、编组子系统、出发子系统、发车子系统（含直到列车）。因此，编组站可以看成由一系列串连、平行布置的排队服务系统组成。

1. 到达子系统[4]

其输入流为各方向接入到达场解体的列车，服务机构为办理到达作业的各种作业人员（主要是列检组）。服务时间为列检组办理车列技术检查的时间，排队规则为先到先服务的等待制（列车到达编组站后，若有列检组空闲，则立即进行作业，否则排队等待作业）。根据列检组数量，到达作业系统可能是单通道（单服务员）或是多通道（多服务员）系统。

2. 解体子系统[4]

其输入流为到达子系统的输出流，服务机构为驼峰，根据推峰机车台数和作业技术组织的不同，解体子系统可以是排成一队的单通道服务系统（单推单溜）或者是排成两队的单通道服务系统（双推单溜）。排队规则为先到先服务的等待制（列检作业结束后，若驼峰空闲，则立即进行解体作业，否则排队等待）。解体子系统主要作业是将车列中的各个车组按照不同的去向分别溜放到不同调车线上。

3. 编组子系统[4]

其输入流为在调车场集结成列的车列，服务机构为担任编组作业的调车机车。按照调车机车分工的方法，编组系统可能是几个平行分布的单通道系统（调车机车固定区域作业时），也可能是不能完全自由出入的多通道系统（调车机车不固定区域作业时）[4]。排队规则为先到先服务的等待制（若牵出线调车机车空闲，则车组立即进行编组作业，否则继续在调车线上等待）。编组子系统主要是将调车线上集结结束的车组集结成列。

4. 出发子系统[4]

其输入流为编组子系统的输出流以及到达的无调中转列车，服务机构是列检组。根据列检组的数量，出发子系统可能是单通道子系统，也可能是多通道子系统，排队规则一般为先到先服务的等待制（编组结束的车列进入出发场时，若有列检组空闲，则立即进行作业，否则排队等待作业）。出发子系统主要是对编组结束的车列进行技术检查和转线作业，为新编车列进入区间运行提供技术条件。

5. 发车子系统[4]

其输入流为列检完毕的车列，服务机构为区间，服务时间为各区间的发车间隔时间。根据连接出发场的出发方向数，发车子系统可以是排成一队或几队的单通道系统[4]。排队规则为先到先服务的等待制。该子系统主要是将新编车列从车站发往区间，起着连接车站与区段之间的作用。因此，它的工作状况不但取决于站内作业过程的节奏性，同时也取决于车站所连接区段的工作能力。

依据编组站各系统的作业特点，本书将应用随机服务系统理论，构建编组站各系统的排队模型，并给出计算技术经济效益值的主要指标。

2.2 随机服务系统

随机服务系统理论，是通过对服务对象到来及服务时间的统计研究，得出等待时间、排队长度、忙期长短等数量指标的统计规律，然后根据这些规律来评价和改进服务系统的结构或重新组织被服务对象，使得服务系统既能满足服务对象的需要，又能使机构的费用最为经济或某些指标最优。通信系统、网络设计、计算机存储、物流调度等各种现象都可以通过排队模型描述[34-36]。

2.2.1 随机服务系统的构成及描述

1. 随机服务系统构成

随机服务系统具有三个组成部分：输入过程、排队规则和服务机构，如图 2.2 所示[37]。

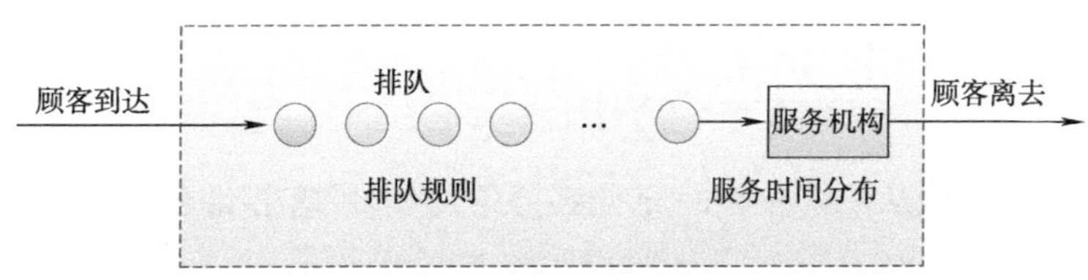

图 2.2 随机服务系统

(1)输入过程[38]

输入过程是指各种类型的“顾客”按怎样的规律到来。这些顾客可以是公共汽车的乘客、铁路到站的列车、等待运输的货物等。

顾客到达过程具有随机性和独立性。顾客陆续到达的时间间隔作为相互独立的随机事件，可以通过数据分析计算得到顾客到达间隔时间的概率分布，并以此作为随机服务系统的输入流。较为常见的输入流分布有以下几种：

①定长输入。顾客有规则的等距到达，如每隔 a 时间段到达一个顾客，此时相继两个顾客到达间隔 t 的分布函数 $A(t)$ 为

$$A(t)=P\{t\leqslant x\}=\begin{cases}1,x\geqslant a\\0,x<a\end{cases} \tag{2.1}$$

②最简单流输入[或者称为泊松(Poisson)分布]。满足以下四个条件的输入流为最简单流：

a. 平稳性：在时间段 $[a,a+t)$ 内有 k 位顾客到达的概率与 a 无关，只与 t 有关，记此概率为 $v_k(t)$。

b. 无后效性：不相交区间内到达的顾客数是相互独立的。

c. 普通性：令 $\varphi(t)$ 表示长为 t 的区间内至少到达两个顾客的概率，则

$$\varphi(t)=o(t)\varphi(t)=o(t),t\rightarrow 0 \tag{2.2}$$

式中 $o(t)$——t 的高阶无穷小。

d. 有限性：任意有限区间内到达有限位顾客的概率为 1。因而

$$\sum^{\infty} v_k(t) = 1 \tag{2.3}$$

输入流服从泊松分布的充分必要条件是：顾客相继到达的时间间隔是相互独立分布的，且分布函数为指数分布：

$$A(t)=\begin{cases}1-\mathrm{e}^{-\lambda t},t>0\\0,t\leqslant 0\end{cases} \tag{2.4}$$

③一般独立输入：它的到达间隔相互独立，相同分布。上面所有的输入都是一般独立输入的特例。

④成批到达的输入：假定有一系列到达点，它们的间隔分布可以是上述的各种分布，但是在每一到达点上到来的不是单独的一个顾客，而是一批顾客，每批顾客的数目为随机变量，其分布为

$$p\{n=k\}=a_k,k=0,1,2,\cdots \tag{2.5}$$

(2)排队规则[38]

排队规则是指顾客按照怎样的规定次序接受服务，以及服务系统是否允许排队，顾客是否愿意排队，包括损失制排队系统、等待制排队系统和混合制排除系统。

①损失制

顾客到达时，若所有服务台均被占用，则该顾客自动离开系统。

②等待制

顾客到达时，若所有服务台均被占用，顾客排队等待服务，服务次序可以采用下列各种规则：

a. 先到先服务:即按到达次序接受服务,这是最通常的情况。

b. 后到先服务:如仓库存取货物的时候,最后到达的货物堆放在最上面,也最先被取走。

c. 随机服务:当服务台空闲时,在等待的顾客中随机挑选一位进行服务,即每一等待顾客的被选中概率相同。

d. 优先权服务:当服务台空闲时,在等待的顾客中根据其优先权的等级首先挑选拥有最高优先权的顾客进行服务。

③混合制

a. 队长有限制的情形:顾客到达时,若队长较小,顾客就排入队伍;若队长较长则离去。

b. 等待时间有限制的情形:顾客在队伍中的等待时间不能超过时间 T,超过时间 T 后顾客就离去。

c. 逗留时间(等待时间与服务时间之和)有限制的情形:顾客在系统中的逗留时间不超过时间 T,超过时间 T 后顾客离去。

由于铁路编组站系统的作业特点,本书所讨论的各种随机服务系统都属于等待制排队系统。

(3)服务机构[38]

服务机构是指在同一时刻有多少台服务设备可以接纳顾客,每一设备可以接纳多少顾客,以及每一顾客服务时间是多少。

服务机构中服务台的个数可以是一个或多个,可以单个服务,也可以成批服务。当只有一个服务设备时,叫单通道排队系统;有两个及以上服务设备时,叫多通道排队系统。

服务过程的描述与输入过程相似,主要通过服务时间的统计概率分布来描述某一服务机构服务过程的特征。服务时间的分布通常有定长分布、负指数分布、爱尔朗分布和一般服务分布等。

一般服务分布是指所有顾客的服务时间是独立同分布的随机变

量,前面所有的服务分布都是一般服务分布的特例。

2. 随机服务系统的描述

随机服务系统(排队论系统)表示为 $A/B/n/m$,其中 A 为顾客到达间隔时间的概率分布;B 为服务时间的概率分布;n 为服务员的数目;m 为顾客排队允许长度或系统内顾客的容量,$0<m<\infty$。当 $m=0$ 时,服务系统为损失制;m 为有限整数时为混合制系统;在等待制系统中 $m\to\infty$时,这时∞省略不写[36]。常用的概率分布标记为:M 代表泊松输入或者指数服务分布;D 代表定长输入或定长服务分布;E_k 代表 k 阶爱尔朗输入或 k 阶爱尔朗服务分布;GI 代表一般独立输入;G 代表一般服务分布。

例如,$M/M/1/\infty$ 表示顾客到达流服从泊松分布,服务时间为指数分布,系统只有一个服务员,无限等待队长的随机服务系统;$D/M/1/m$ 表示顾客到达流服从定长分布,服务时间为指数分布,系统只有一个服务员,最大等待队长为 m 的随机服务系统;$M/G/1/\infty$ 表示输入流服从泊松分布,服务时间服从一般分布(任意分布),系统只有一个服务员,无限等待队长的随机服务系统。

如果不附加其他说明,则这种记号一般表示先到先服务、单个服务(非成批服务)的等待制系统。

3. 随机服务系统相关理论

(1)马尔可夫随机过程[39]

马尔可夫过程是很重要的一类随机过程,它是在实际生活中较常见的一类随机过程。它的特性是:当过程在 t_0 时刻所处的状态已知,则过程在 t_0 时刻以后所处的状态与过程在 t_0 时刻以前所处的状态无关,简单说就是“已知现在状态,则将来状态与过去状态无关”。这一特性即无后效性,也叫作马尔可夫性。而有此特性的随机过程就是马尔可夫过程。

(2)补充变量法[40]

补充变量法是研究排队模型的一种常用方法。在实际中,大多排队系统的队长过程$\{N(t),t\geqslant 0\}$不是马尔可夫过程,通过引入补充变量方法,扩大系统的状态空间,从而将系统的队长过程转化到空间更复杂的多维状态中,使得多维过程具有马尔可夫性。1950年,Cox首次完整地提出了补充变量的方法,随后,该方法被许多学者用来研究复杂的排队系统。本书将使用此方法求解相关排队模型。

2.2.2 编组站各系统相关排队指标

为计算定时、定编集结模式的经济效益值,本书选取编组站各排队系统的相关指标及参数如下:

(1)$L_{队}$为平均等待队长,编组站各排队系统中等待服务的货车平均数。

(2)$L_{服}$为平均服务队长,系统中被服务的平均货车数。

(3)$L_{系}$为系统平均队长,指排队系统中平均货车数,$L_{系}=L_{服}+L_{队}$。

(4)$W_{系}$为平均停留时间,每辆货车在系统的平均停留时间,根据太勒公式有$W_{系}=L_{系}/\lambda$。

(5)λ为到达流强度,指单位时间到达车列或货车的数量,本书以整列数、整批货物计算:

$$\lambda=1/I_{到} \tag{2.6}$$

式中 $I_{到}$——车列或集结车组到达间隔时间。

(6)ρ为系统负荷,输入(到达)强度和服务强度的比值叫作服务系统的负荷水平,系统负荷水平是反映服务设备(如驼峰、调车机车牵出线)利用率的重要指标。当负荷较大时,说明设备利用率较高,相反则利用率较低。

$$\rho=\lambda/\mu$$

$$\mu = 1/t_{服} \tag{2.7}$$

式中 μ——服务设备的服务强度，即单位时间内服务的车列、货车数量；

$t_{服}$——服务设备平均服务时间。

(7) σ^2 为系统服务时间或车组大小的方差。由随机服务系统理论中方差的定义[39]有：

$$\sigma^2 = E(X^2) - E^2(X) \tag{2.8}$$

式中 $E(X^2)$——X^2 的数学期望（平均值）；

$E^2(X)$——X 的数学期望（平均值）的平方。

3 编组站集结模式分析与车流到达规律研究

在实际作业中,集结满轴和按时发车很少同时满足,本书定义以集结满轴为约束条件的集结模式为定编集结模式,以列车运行图规定的出发时间为约束条件的集结模式为定时集结模式,并总结了定时、定编集结模式的作业特点和适用性。针对编组站到达、集结车流具有随机性,应用概率统计的方法对车流到达规律进行分析,并利用皮尔逊准则对统计数据的统计分布进行检验,为后续建立编组站排队系统提供到达流分布规律。

3.1 货车集结模式概述

编组站主要办理的货物列车分为改编中转货物列车、无改编中转货物列车、部分改编中转货物列车以及本站作业车。其中,编组站以处理改编中转货物列车为主,作业时间比较长。改编中转货物列车作业包括解体列车的到达作业和解体作业,始发列车的集结、编组作业和出发作业[41]。其中车流集结过程是编组站工作的重要组成部分。

从组成某一到达站出发车列的第一组货车进入调车场之时起,至组成该车列的最后一组货车进入调车场之时止,为该车列的集结过程。该过程的延续时间,称为车列集结时间。在这一过程中组成该车列的所有货车消耗的车小时,即为车列的货车集结车小时[4]。

按照集结开始时刻的不同,货车集结过程分为按调车场的集结过程和按车流的集结过程。按货车进入调车场开始计算的货车集结过程称为按调车场的货车集结过程;为编制车站作业计划推算车流及查定车站技术作业标准,货车集结过程可按货车到达车站(有调中转车)或装卸完毕(本站货物作业车)的时间开始计算,称为按车流的货车集结过程[4]。当各次列车的待解及解体时间差别不大时,两种集结过程非常接近,否则会有些差别。相比较而言,按调车场的集结过程更加真实地反映了车流集结情况[42],因而本书以此种集结过程作为推算车流的根据。

货车在进行集结作业之前,编组站需制定货物列车编组计划、列车运行图、技术计划、运输方案、《车站行车工作细则》等一系列有关规定,通过消耗一定的作业成本和车辆中转时间,使得车流有组织有条理地移动,最终完成货物的运输服务。其中指导集结作业的主要文件是列车编组计划、列车运行图。

1. 列车编组计划

货物列车编组计划具体规定了路网上所有重空车流在哪些车站编成列车,编组哪些种类和到达哪些车站(装卸站或解体站)的列车,以及各种列车应编入的车流内容和编挂方法等[4]。车流特征比较稳定时,很大程度上就确定了各站的办理车数、改编作业车数、运用调车机车台数、使用编组线数,以及技术作业过程和技术设备的运用办法等。

列车编组计划是铁路行车组织工作的较长期的基础性质的技术文件,起着条理车流的作用。运输计划和列车运行图之间主要靠列车编组计划联系起来,根据运输计划确定计划车流,并将车流组织为列车流。列车编组计划所规定的列车数量、列车分类以及发站和到站等资料,是列车运行图的编制基础[4]。

综上可知,列车编组计划既是路网车流组织计划,又是站场设备运用计划。通过列车编组计划的制定,可以合理地组织车流输送,加速货物送达,充分发挥铁路运输能力,提高货物运输效率,提升货物运输质量。

2. 列车运行图

列车运行图是用以表示列车在铁路区间运行及在车站到发或通过时刻的技术文件,它规定了各次列车占用区间的程序,列车在每个车站的到达和出发(或通过)时刻,列车在区间的运行时间,列车在车站的停靠时间及机车交路、列车重量和长度等,是全路组织列车运行的基础[5]。

列车运行图一方面是铁路运输企业实现列车安全、正点运行和经济有效地组织铁路运输工作的列车运行生产计划,另一方面又是铁路运输企业向社会提供运输供应能力的一种有效形式。

铁路编组站依据列车编组计划和列车运行图,通过作业过程将车流组织成各种专门的列车,而且确定了不同列车的满轴车辆数和出发时间。

在实际集结过程中,当保证车列集结满轴时,车列集结结束时间是不确定的;相反,当保证发车时间是确定的,则车列的集结辆数是不确定的,具有随机性。因此,集结满轴和按时发车很少同时满足。本书将以满轴集结为约束条件的集结模式定义为定编集结模式,以列车运行图规定出发时间为约束条件的集结模式定义为定时集结模式。为了研究方便起见,在之后的讨论中一律以车组数来代替列车重量和长度标准。

3.1.1 定编集结模式作业特点及适用性

定编集结模式是指集结车流依据列车编组计划规定的编组内容和

列车运行图规定的重量或长度标准对车列进行编组,即车列进行编组作业之前,若某去向集结货车数的重量或长度未达到运行图规定的重量或长度时,则不能进行编组作业,而是继续集结至满轴或满长为止。对于定编集结模式而言,车列编组必须遵循的条件是按照列车编组计划进行编组,以及车列必须集结满轴或满长,而列车出发时间和出发运行线的选择不作影响要求,这样可以充分利用铁路通过能力。一方面,当车流量较小时,采用定编集结模式会延长货车在编组站内的中转停留时间,从而影响货车运用效率和货运服务质量;另一方面造成列车运行秩序的混乱。除了我国以外,部分东欧国家铁路货车也采用定编集结模式。

定编集结模式的优点是:在线路运输能力不足的情况下,能充分利用现有设备的能力,对列车编组计划和列车运行图的编制要求不高。其缺点是:列车由于没有集结满轴而不能正点发车,使货车在编组站停留的时间不确定,列车开行受调度指挥人员能力水平和主观因素影响大,货物运到时间不确定,协调工作量大,管理成本高。所以适宜在线路运输能力不足,车流量较大的条件下采用[27]。

3.1.2 定时集结模式作业特点及适用性

定时集结是指集结车流按照列车编组计划规定的编组内容以及列车运行图规定的出发时间编组列车。当列车出发时间确定时,根据列车编组计划和车站技术作业过程,由列车出发时刻扣除编组、出发作业时间,推算得到最晚集结结束时刻。以前一车列集结终了时刻作为后一个车列集结的开始时刻,前后两个车列集结结束时刻之间的一段时间,作为后一车列的集结时间。在定时集结模式下,车列的集结时间是确定的,因此集结车列的编成辆数是一个随机变量。

当集结结束时,若集结的货车数小于满轴车辆数 $m_{定编}$,可欠轴发车;若超出满轴车辆数 $m_{定编}$ 时,将开行 $m_{定编}$ 辆货车,剩余货车进入下一集结过程,因此出发列车的编成辆数是在 $[0, m_{定编}]$ 范围内波动,其中 $m_{定编}$ 为满轴编成辆数。在实际操作中,列车运行图编制一昼夜出发列车数是根据车流量的大小制定的,因此采用定时集结时,基本不会出现出发列车编成辆数较小的情况。

定时集结模式的优点是可以实现“按图行车”,减少货车技术作业时间和集结时间,压缩货车周转时间,有利于组织均衡运输和计划运输,也有利于车、机、工、电、辆等行车有关部门协调工作,高质量地完成运输生产任务,减轻调度人员的劳动强度。同时可以根据列车运行图按照车流接续关系和列车到发时间跟踪货物,掌握货物的到达时间,从而能够满足客户对货物运输时效的要求[29]。定时集结模式的缺点是有可能产生欠轴列车,需要加开列车来满足车流运输任务,从而增加机车和乘务人员的使用量;此外由于列车严格按图行车,在正常情况下不需要列车调度人员干预列车运行秩序,只有在特殊情况下(事故、自然灾害、线路损坏、列车严重晚点以及其他异常情况发生时)需根据事先约定,按照规定调整列车运行秩序。因此对列车编组计划和列车运行图编制要求大大提高。

定时集结模式的适用条件是需要较为富余的线路运输能力作保障,列车运行图的制定需要建立在对货流量进行大量调查、分析、研究的基础上,节点站(车流集中、消散的地方)之间车流的接续规定需要很高的管理水平和现代化手段支持。

对于大宗货物,因其运输时效性不强,按照传统的定编集结是有利的,可以最大化降低运输成本,提高运输效益;而对于铁路快捷运输货物,采用定时集结是有利的,可显著提高货物运输时效性,提升铁路快运竞争优势,争取社会货源,提高铁路货运市场的竞争力。

3.2 车流到达规律统计分析

建立货车在集结、编组出发系统的排队模型时，首先应得到车流到达信息，主要包括两方面内容：一是车组到达间隔时间的分布情况，另一个是车组大小的分布情况。车流到达信息是运用排队模型计算货车在编组站内平均停留时间的前提。

经驼峰解体后，车组按去向进入指定的调车线，相邻两车组到达调车线的时间间隔称为车组到达间隔时间。驼峰解体的车辆是以车组的形式进入调车线，每间隔一段时间到达一个车组，且间隔时间具有随机性。车组包含的货车数称作车组大小，同样具有随机性，因此集结车流是一随机变量。为得到集结车流的分布情况，本书将利用概率统计的方法确定不同去向车流的到达规律。

3.2.1 车组到达间隔时间的分布规律

由于车组到达间隔时间具有随机性，可利用概率统计的方法得到它的概率分布，将采取如下步骤：

(1)获取观测数据。

(2)数据的整理和计算。对样本进行等区间分组，计算落在各组的观察值的次数和频率，计算样本的数字特征(样本均值和样本均方差等)。

(3)数字特征的计算和分析。根据结果假设随机变量的分布规律，估计随机变量分布参数。

(4)假设检验。检验统计分布与理论分布的拟合程度。

下面对上述步骤进行详细解释。

1. 获取观测数据

集结车组到达间隔时间满足连续型分布，抽取一部分数据来进行统计分析，这部分数据叫作样本，通过对样本进行统计得出其分布规律。因此选取的样本要具有普遍性和代表性，从而反映总体的情况。普遍性是指样本是在常态下选取的，不能是极端情况下的数据；代表性是指样本所含个体的数量，即样本的大小有一定的要求。为了确切反映研究对象的特征，数据越多，反映的情况越接近实际，同时计算工作量也越大。为了达到既满足精度要求又实现工作量最小的目的，需要有一个最少的统计次数。对于编组站到达时间间隔，最少的统计次数是一昼夜到达车组的时间间隔。根据精度要求对样本的容量进行适当选择。

本书选择某编组站车流较稳定时期的统计车流进行分析，通过实地考察，避开2月春运时间，选取3月1—30日的车流资料，统计得出每一去向的到达车流分布规律。

2. 数据的整理和计算

对连续分布随机变量理论分布形式的假设，常采用的方法有点统计法、直方图法和概率法。直方图法是根据样本观测值绘出相应密度函数的基本图形，并根据此基本图形来初步判断总体的理论分布形式的方法。该方法不仅可靠，而且易于操作[43]。因此，本书采用直方图法来判断车组到达间隔时间的理论分布。

(1)样本分组

首先应将选取的数据(样本)进行分组，以便求得数据的数字特征。样本的分组数量 k 决定于样本数量 N 的大小，若观测数据越大，则分组越多。恰当的数据分组虽然不能提高数据的信息质量，但是可以减少数据信息的损失，方便数据整理。设车组到达时间间隔数据的集合为 O，$O=[0,\infty)$；其中到达时间间隔最大值为 t_{max}，最小值为 t_{min}。数据的分组可按式(3.1)确定[42]：

$$k=[1+3.322\ \log N] \tag{3.1}$$

式中　[　]——舍尾取整的符号；

k——样本的分组数；

N——样本数量。

也可参考相应于样本容量的分组数建议值，见表3.1[42]。

3.1　数据分组数参考表

数据数 N(个)	50 以内	50 ~ 100	100 ~ 250	250 以上
分组数 k(组)	5 ~ 8	6 ~ 10	7 ~ 12	10 ~ 15

得到分组 k 后，计算数据的组距 I 为[45]

$$I = (t_{max} - t_{min})/k \tag{3.2}$$

式中　t_{max}——到达时间间隔最大值；

t_{min}——到达时间间隔最小值。

为便于资料整理和绘制直方图，一般将组距定位10,5,1,0.5,0.1等值。当确定组距后，可得各分组的边界为 $t_0, t_1, t_2, \cdots, t_i, t_{i+1}, \cdots, t_{k-1}, t_k$($i$ 为$[0, k-1]$范围内的整数)。

(2)计算分组概率密度

当确定车组到达时间间隔集合的分组数及每组的时间取值范围，就可以对收集的数据进行分组，并按概率论和数据统计的方法对其进行分析计算。设 γ_{ij}表示数据值 x_j落入时间间隔第 i 分组$[t_{i-1}, t_i]$的逻辑值，则有

$$\gamma_{ij} = \begin{cases} 1 & t_{i-1} \leqslant t_j \leqslant t_i \\ 0 & \text{其他情况} \end{cases} \tag{3.3}$$

则数据落入第 i 分组的组频数 $f_i(i=1,2,\cdots,k)$为

$$f_i = \sum_{j=1}^{N} \gamma_{ij} \tag{3.4}$$

$f_i(i=1,2,\cdots,k)$表示样本值 $x_1, x_2, \cdots, x_N$ 落入$[i-1, i]$分组的个数，其对应的组频率 $F_i(i=1,2,\cdots,k)$为

$$F_i = f_i / N \tag{3.5}$$

$F_i(i=1,2,\cdots,k)$表示在N个样本值中，落入区间$[t_{i-1},t_i]$的发生频率。由于抽取的样本值是相互独立的，由概率统计可知$F_i \approx P\{t_{i-1} < X < t_i\}$，$(i=1,2,\cdots,k)$。

X为样本值$x_1,x_2,\cdots,x_N$的集合，$X=\{x_1,x_2,\cdots,x_N\}$；且有X的概率密度函数为$p(x)$，可得

$$F_i \approx P\{t_{i-1} < X < t_i\} = \int_{i-1}^{i} p(x)\mathrm{d}x \qquad (i=1,2,\cdots,k) \tag{3.6}$$

所以在区间$[t_{i-1},t_i]$上的频率密度为

$$p(x) \approx F_i/(t_i - t_{i-1}) \tag{3.7}$$

依据式(3.1)~式(3.7)得到编组站去向1—4车组到达间隔时间的频数表，见表3.2~表3.5。依据表3.2~表3.5，作出相应的车组到达间隔时间分布频率密度直方图，如图3.1~图3.4所示。

表3.2　1号去向车组到达间隔时间频数表

组号	各组范围(min)	组中值 T_i	组频数 f_i	频率 F_i	频率密度	$f_i \times T_i$	$f_i \times (T_i - \bar{t})^2$
1	0~40	20	82	0.398 0	0.009 0	1 640	179 569.87
2	40~80	60	61	0.296 1	0.007 4	3 660	2 820.64
3	80~120	100	31	0.150 5	0.003 7	3 100	34 169.44
4	120~160	140	18	0.087 4	0.002 1	2 520	96 448.32
5	160~200	180	9	0.043 7	0.001 0	1 620	115 328.16
6	200~240	220	3	0.014 6	0.000 3	660	70 410.72
7	240~280	260	1	0.004 9	0.000 1	260	37 326.24
8	280~320	300	1	0.004 9	0.000 1	300	54 382.24
总计	—	—	206	1	—	13 760	590 455.63

注：组中值T_i是由分组区间的上限与下限和的一半确定。

表 3.3　2 号去向车组到达间隔时间频数表

组号	各组范围（min）	组中值 T_i	组频数 f_i	频率 F_i	频率密度	$f_i \times T_i$	$f_i \times (T_i - \bar{t})^2$
1	0 ~ 35	17. 5	150	0. 465 8	0. 013 3	2 625	212 162. 1
2	35 ~ 70	52. 5	76	0. 236 0	0. 006 7	3 990	517. 7
3	70 ~ 105	87. 5	55	0. 170 8	0. 004 9	4 812. 5	57 705. 8
4	105 ~ 140	122. 5	20	0. 062 1	0. 001 8	2 450	90 831. 8
5	140 ~ 175	157. 5	12	0. 037 3	0. 001 1	1 890	125 807. 8
6	175 ~ 210	192. 5	5	0. 015 5	0. 000 4	962. 5	94 381. 9
7	210 ~ 245	227. 5	2	0. 006 2	0. 000 2	455	59 437. 5
8	245 ~ 280	262. 5	1	0. 003 1	0. 000 09	262. 5	43 011. 2
9	280 ~ 315	297. 5	1	0. 003 1	0. 000 09	297. 5	58 753. 5
10	315 ~ 350	332. 5	0	0	0	0	0
总计	—	—	322	1	—	17 745	742 608. 7

表 3.4　3 号去向车组到达间隔时间频数表

组号	各组范围（min）	组中值 T_i	组频数 f_i	频率 F_i	频率密度	$f_i \times T_i$	$f_i \times (T_i - \bar{t})^2$
1	0 ~ 30	15	186	0. 475 7	0. 015 9	2 790	238 800. 76
2	30 ~ 60	45	92	0. 235 3	0. 007 8	4 140	3 128. 27
3	60 ~ 90	75	51	0. 130 4	0. 004 3	3 825	29 790. 67
4	90 ~ 120	105	28	0. 071 6	0. 002 4	2 940	82 159. 24
5	120 ~ 150	135	12	0. 030 7	0. 001 0	1 620	85 012. 64
6	150 ~ 180	165	9	0. 023 0	0. 000 8	1 485	117 310. 63
7	180 ~ 210	195	6	0. 015 3	0. 000 5	1 170	124 707. 85
8	210 ~ 240	225	2	0. 005 1	0. 000 2	450	60 669. 54
9	240 ~ 270	255	2	0. 005 1	0. 000 2	510	83 369. 80
10	270 ~ 300	285	1	0. 002 6	0. 000 09	285	54 835. 03
11	300 ~ 330	315	1	0. 002 6	0. 000 09	315	69 785. 15
12	330 ~ 360	345	1	0. 002 6	0. 000 09	345	86 535. 28
总计	—	—	391	1	—	19 875	1 036 104. 86

表 3.5 4 号去向车组到达间隔时间频数表

组号	各组范围(min)	组中值 T_i	组频数 f_i	频率 F_i	频率密度	$f_i \times T_i$	$f_i \times (T_i - \bar{t})^2$
1	0~30	15	228	0.515 8	0.017 2	3 420	186 164.56
2	30~60	45	110	0.248 9	0.008 3	4 950	223.48
3	60~90	75	54	0.122 2	0.004 1	4 050	53 327.81
4	90~120	105	25	0.056 6	0.001 9	2 625	94 326.81
5	120~150	135	13	0.029 4	0.001 0	1 755	108 661.70
6	150~180	165	5	0.011 3	0.000 4	825	73 720.57
7	180~210	195	3	0.006 8	0.000 2	585	68 788.90
8	210~240	225	1	0.002 3	0.000 09	225	32 915.15
9	240~270	255	1	0.002 3	0.000 09	255	44 700.67
10	270~300	285	2	0.004 5	0.000 2	570	116 572.39
总计	—	—	442	1	—	19 260	779 402.04

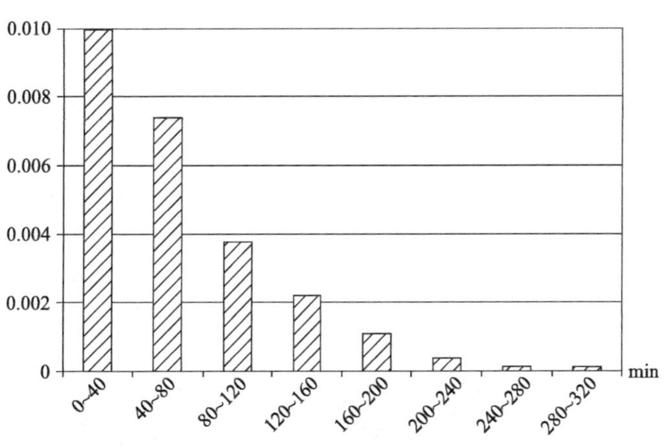

图 3.1 去向 1 车组到达间隔时间分布频率密度直方图

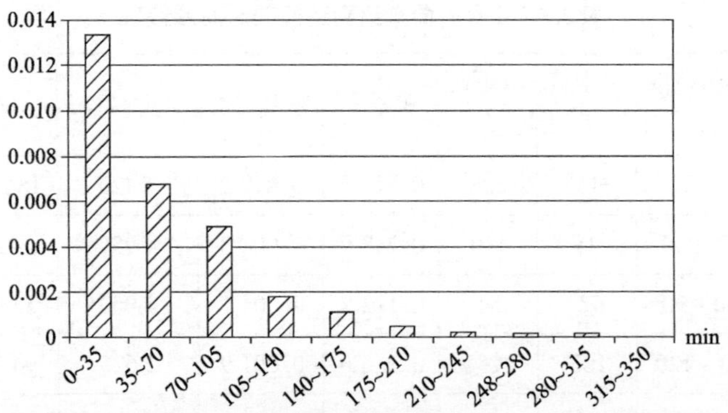

图 3. 2　去向 2 车组到达间隔时间分布频率密度直方图

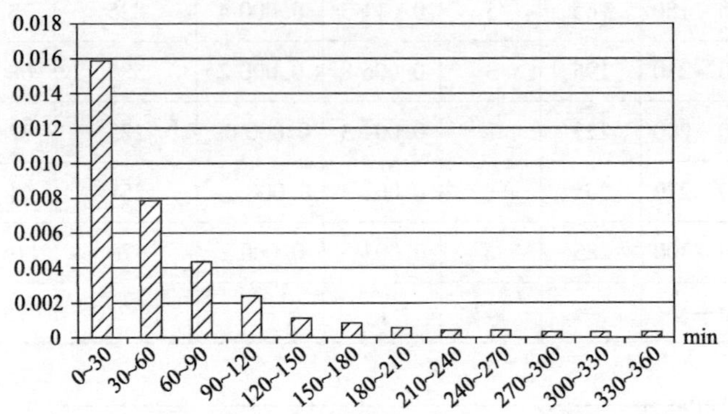

图 3. 3　去向 3 车组到达间隔时间分布频率密度直方图

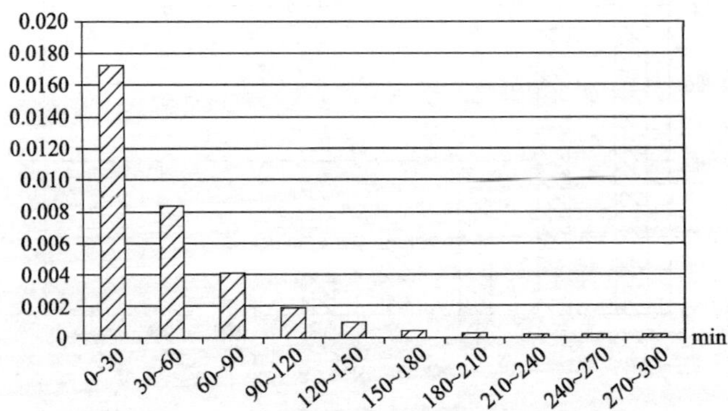

图 3. 4　去向 4 车组到达间隔时间分布频率密度直方图

3. 数字特征的计算和分析

反映数据的数字特征有均值、方差、均方差(标准差)、变异系数。其中集结间隔时间均值为

$$\bar{t}=f_i\times T_i/N \tag{3.8}$$

车组平均集结强度(即每分钟平均到达车组数)为

$$\lambda=1/\bar{t} \tag{3.9}$$

车组集结间隔时间的方差为

$$D=\sigma^2=\sum_{i=1}^{k}f_i\times(T_i-\bar{t})^2/(N-1) \tag{3.10}$$

车组集结间隔时间的均方差(标准差)为

$$\sigma=\sqrt{D} \tag{3.11}$$

变异系数为

$$v=\sigma/\bar{t} \tag{3.12}$$

依据表3.2～表3.5及式(3.8)～式(3.12),可得到去向1—4的车组到达间隔时间的数字特征,计算结果见表3.6。

表3.6 去向1—4车组到达间隔时间的数字特征

去向 i	均值 $\bar{t}$	集结强度 λ	均方差 σ	变异系数 γ
1	66.80	0.015	53.67	0.80
2	55.11	0.018	48.10	0.87
3	50.83	0.02	51.54	0.95
4	43.57	0.023	42.04	0.96

4. 假设检验

假设检验问题一般分成两类:一类是总体分布的类型已知,未知的只是若干个参数,这类检验问题称为参数检验问题;而本书研究的问题是总体分布的具体类型未知,需要直接对总体的分布函数提出假设,这

类问题称为非参数检验问题。非参数检验方法主要有概率值检验、拟合优度检验和秩检验三类[42]。根据样本所提供的信息,通过分布拟合检验可以对总体分布的假设做出合理的判断。本文应用皮尔逊准则进行χ^2 检验。

应用皮尔逊准则进行χ^2 检验,统计量取[42]

$$\chi^2 = \sum_{i=1}^{k'} \frac{(N_i - N\hat{p}_i)^2}{N\hat{p}_i} \tag{3.13}$$

式中 N_i——第 i 组样本观测频数,也就是 f_i 的值;

N——样本容量;

$\hat{p}_i$——第 i 组理论频率;

$N\hat{p}_i$——第 i 组理论频数;

k'——经过并组后的组数。

根据皮尔逊定理,当样本容量足够大时($N\geqslant 50$),式(3.13)中各组的理论频数 f_i 及 $N\hat{p}_i$ 均不应少于 5,而且 $N\hat{p}_i$ 最好是在 5 以上,否则应适当地并组。若样本服从给定的分布函数,则统计量χ^2 将服从自由度为 $k-r-1$ 的χ^2 分布,其中 r 是被估计的参数的个数,由于分布函数中 $\bar{t}$ 的值是已知的,所以 $r=0$。令 α 是所取的显著性水平:

$$P\{\chi^2 > \chi^2(k'-r-1)\} = \alpha \tag{3.14}$$

得到拒绝域为

$$\chi^2 \geqslant \chi^2_\alpha(k'-r-1) \tag{3.15}$$

即当观察值使χ^2 满足

$$\chi^2 < \chi^2_\alpha(k'-r-1)$$

则在显著性水平 α 下,实际样本服从假设的理论分布,本书取 $\alpha=0.05$。

其中,统计量χ^2 的计算式中各组理论频率 $\hat{p}_i$ 可按理论分布函数求

得,即

$$\hat{p}_i = \int_{i-1}^{i} p(x)\,\mathrm{d}x = F(t_i) - F(t_{i-1}) \tag{3.16}$$

式中　t_i——组上限;

t_{i-1}——组下限;

$p(x)$——负指数分布的概率密度函数;

$F(x)$——理论分布函数,在本书中为负指数分布:

$$F(x) = \begin{cases} 1 - \mathrm{e}^{-\lambda x}, x \geqslant 0 \\ 0, x < 0 \end{cases} \tag{3.17}$$

假设随机变量 X 服从参数为 λ 的指数分布,则有:

$$E(X) = \int_{0}^{+\infty} xp(x)\,\mathrm{d}x = \frac{1}{\lambda} \tag{3.18}$$

从图3.1~图3.4的车组到达间隔时间分布频率密度直方图看出,图形基本服从负指数分布。因此,先假设车组到达间隔时间的理论分布函数为负指数分布,然后应用皮尔逊准则进行 χ^2 检验,验证其是否服从负指数分布。

由于服从负指数分布的随机变量总体 X 的均值为 $1/\lambda$,这样应用点估计法可以得到参数 λ 的估计值为 $\hat{\lambda} = 1/E(X) = 1/\overline{X} = 1/\bar{t}$。由此,上述不同去向的车组到达间隔时间的分布中,参数 $\hat{\lambda}$ 的估计值为车组到达间隔时间的均值。

去向1—4车组到达间隔时间分布函数假设检验,见表3.7~表3.10。

表 3.7　1 号去向车流分布函数假设检验

组号	各组范围(min)	组频数 f_i	分布函数 $F(t_i)$	理论频率 $\hat{p}_i$	理论频数 $N\hat{p}_i$	$(N_i-N\hat{p}_i)^2$	$\frac{(N_i-N\hat{p}_i)^2}{N\hat{p}_i}$
1	0~40	82	0.451 2	0.451 2	92.95	119.90	1.290 0
2	40~80	61	0.698 8	0.247 6	51.01	99.80	1.956 5
3	80~120	31	0.834 7	0.135 9	28.00	9.00	0.321 4
4	120~160	18	0.909 3	0.074 6	15.37	6.92	0.450 0
5	160~200	9	0.950 2	0.040 9	8.43	0.32	0.038 5
6	200~240	3	0.972 7	0.022 5	4.64	2.69	0.579 7
7	240~280	1	0.985 0	0.012 3	2.53	2.34	0.925 3
8	280~320	1	0.991 8	0.006 8	1.40	0.16	0.114 3
总计	—	206	—	0.991 8	—	—	5.675 6

表 3.8　2 号去向车流分布函数假设检验

组号	各组范围(min)	组频数 f_i	分布函数 $F(t_i)$	理论频率 $\hat{p}_i$	理论频数 $N\hat{p}_i$	$(N_i-N\hat{p}_i)^2$	$\frac{(N_i-N\hat{p}_i)^2}{N\hat{p}_i}$
1	0~35	150	0.467 4	0.467 4	150.50	0.25	0.001 7
2	35~70	76	0.716 3	0.248 9	80.15	17.22	0.214 9
3	70~105	55	0.848 9	0.132 6	42.70	151.29	3.543 1
4	105~140	20	0.919 5	0.070 3	22.64	6.97	0.307 8
5	140~175	12	0.957 1	0.037 6	12.11	0.01	0.001 0
6	175~210	5	0.977 1	0.020 0	6.44	2.07	0.322 0
7	210~245	2	0.987 8	0.010 7	3.45	2.10	0.609 4
8	245~280	1	0.993 5	0.005 7	1.84	0.71	0.383 5
9	280~315	1	0.996 6	0.003 1	1.00	0	0
10	315~350	0	0.998 2	0.001 6	0.52	0.27	0.52
总计	—	322	—	0.997 9	—	—	5.90

表 3.9 3 号去向车流分布函数假设检验

组号	各组范围(min)	组频数 f_i	分布函数 $F(t_i)$	理论频率 $\hat{p}_i$	理论频数 $N\hat{p}_i$	$(N_i - N\hat{p}_i)^2$	$\frac{(N_i - N\hat{p}_i)^2}{N\hat{p}_i}$
1	0~30	186	0.451 2	0.451 2	176.42	91.78	0.520 2
2	30~60	92	0.698 8	0.247 6	96.82	23.23	0.240 0
3	60~90	51	0.834 7	0.135 9	53.14	4.58	0.086 2
4	90~120	28	0.909 3	0.074 6	29.17	1.37	0.046 9
5	120~150	12	0.950 2	0.040 9	15.99	15.92	0.995 6
6	150~180	9	0.972 7	0.022 5	8.80	0.04	0.004 5
7	180~210	6	0.985 0	0.012 3	4.81	1.42	0.294 4
8	210~240	2	0.991 8	0.006 8	2.66	0.43	0.163 8
9	240~270	2	0.995 5	0.003 7	1.45	0.30	0.208 6
10	270~300	1	0.997 5	0.002 0	0.78	0.05	0.062 1
11	300~330	1	0.998 6	0.001 1	0.43	0.32	0.755 6
12	330~360	1	0.999 3	0.000 7	0.27	0.53	1.973 7
总计	—	391	—	0.999 3	—	—	5.351 6

表 3.10 4 号去向车流分布函数假设检验

组号	各组范围(min)	组频数 f_i	分布函数 $F(t_i)$	理论频率 $\hat{p}_i$	理论频数 $N\hat{p}_i$	$(N_i - N\hat{p}_i)^2$	$\frac{(N_i - N\hat{p}_i)^2}{N\hat{p}_i}$
1	0~30	228	0.498 4	0.498 4	199.43	816.22	4.092 8
2	30~60	110	0.748 4	0.250 0	97.75	150.06	1.535 2
3	60~90	54	0.873 8	0.125 4	49.03	24.69	0.503 5
4	90~120	25	0.936 7	0.062 9	24.59	0.16	0.006 8
5	120~150	13	0.968 3	0.031 6	12.36	0.42	0.033 6
6	150~180	5	0.984 1	0.015 8	6.18	1.39	0.224 5
7	180~210	3	0.992 0	0.007 9	3.09	0.01	0.002 6
8	210~240	1	0.996 0	0.004 0	1.56	0.32	0.203 4
9	240~270	1	0.998 0	0.002 0	0.78	0.05	0.060 8
10	270~300	2	0.999 0	0.001 0	0.39	2.59	6.621 3
总计	—	442	—	0.999 0	—	—	13.284 2

由表 3.7 可知，统计量$\chi^2=5.675\ 6$，当取$\alpha=0.05$时，查χ^2分布表得到$\chi^2_{1-\alpha}(8-1-1)=12.592$，而$\chi^2=5.675\ 6<12.592$，则接受原假设，即在显著性水平$\alpha=0.05$时，去向 1 的车组到达间隔时间近似服从负指数分布。

由表 3.8 可知，统计量$\chi^2=5.9$，当取$\alpha=0.05$时，查χ^2分布表得到$\chi^2_{1-\alpha}(10-1-1)=15.507$，而$\chi^2=5.9<15.507$，则接受原假设，即在显著性水平$\alpha=0.05$时，去向 2 的车组到达间隔时间近似服从负指数分布。

由表 3.9 可知，统计量$\chi^2=5.351\ 6$，当取$\alpha=0.05$时，查χ^2分布表得到$\chi^2_{1-\alpha}(12-1-1)=18.307$，而$\chi^2=5.351\ 6<18.307$，则接受原假设，即在显著性水平$\alpha=0.05$时，去向 3 的车组到达间隔时间近似服从负指数分布。

由表 3.10 可知，统计量$\chi^2=13.284\ 2$，当取$\alpha=0.05$时，查χ^2分布表得到$\chi^2_{1-\alpha}(10-1-1)=15.507$，而$\chi^2=13.284\ 2<15.507$，则接受原假设，即在显著性水平$\alpha=0.05$时，去向 4 的车组到达间隔时间近似服从负指数分布。

3.2.2 车组大小分布规律

1. 车组数据的整理和计算

对车组大小样本值进行等区间分组，计算落在各组的观察值的次数和频率，得到某编组站去向 1—4 的车组大小频数表，见表 3.11 ~ 表 3.14。

表 3.11 1 号去向车组大小频数表

组号	各组范围 (min)	组中值 M_i	组频数 f_i	频率 F_i	频率密度	$f_i\times M_i$	$f_i\times(M_i-\overline{m})^2$
1	0 ~ 5	2.5	200	0.766 3	0.153 3	500	1 113.92

续上表

组号	各组范围(min)	组中值 M_i	组频数 f_i	频率 F_i	频率密度	$f_i \times M_i$	$f_i \times (M_i - \overline{m})^2$
2	5 ~ 10	7.5	32	0.122 6	0.024 5	240	223.03
3	10 ~ 15	12.5	13	0.049 8	0.010 0	162.5	758.80
4	15 ~ 20	17.5	7	0.026 8	0.005 4	122.5	1 118.39
5	20 ~ 25	22.5	4	0.015 3	0.003 1	90	1 244.68
6	25 ~ 30	27.5	3	0.011 5	0.002 3	82.5	1 537.71
7	30 ~ 35	32.5	1	0.003 8	0.000 8	32.5	763.97
8	35 ~ 40	37.5	1	0.003 8	0.000 8	37.5	1 065.37
总计	—	—	261	1	—	1 267.5	7 825.87

表 3.12　2 号去向车组大小频数表

组号	各组范围(min)	组中值 M_i	组频数 f_i	频率 F_i	频率密度	$f_i \times M_i$	$f_i \times (M_i - \overline{m})^2$
1	0 ~ 5	2.5	115	0.425 9	0.085 2	287.5	3 762.62
2	5 ~ 10	7.5	75	0.277 8	0.055 6	562.5	38.88
3	10 ~ 15	12.5	40	0.148 1	0.029 6	500	732.74
4	15 ~ 20	17.5	18	0.066 7	0.013 3	315	1 550.13
5	20 ~ 25	22.5	14	0.051 9	0.010 4	315	2 854.86
6	25 ~ 30	27.5	5	0.018 5	0.003 7	137.5	1 858.59
7	30 ~ 35	32.5	2	0.007 4	0.001 5	65	1 179.04
8	35 ~ 40	37.5	1	0.003 7	0.000 7	37.5	857.32
总计	—	—	270	1	—	2 220	12 834.17

表 3.13　3 号去向车组大小频数表

组号	各组范围(min)	组中值 M_i	组频数 f_i	频率 F_i	频率密度	$f_i \times M_i$	$f_i \times (M_i - \overline{m})^2$
1	0 ~ 4	2	106	0.331 3	0.082 8	212	8 000.10
2	4 ~ 8	6	57	0.181 3	0.045 3	348	1 274.41
3	8 ~ 12	10	43	0.150 0	0.037 5	480	22.69
4	12 ~ 16	14	34	0.115 6	0.028 9	518	405.99
5	16 ~ 20	18	15	0.078 1	0.019 5	450	1 336.82
6	20 ~ 24	22	10	0.043 8	0.011 0	308	1 791.62
7	24 ~ 28	26	7	0.034 4	0.008 6	286	2 579.20
8	28 ~ 32	30	5	0.018 8	0.004 7	180	2 237.84
9	32 ~ 36	34	3	0.015 6	0.003 9	170	2 717.36
10	36 ~ 40	38	2	0.006 3	0.001 6	76	1 491.95
11	40 ~ 44	42	2	0.006 3	0.001 6	84	1 960.95
12	44 ~ 48	46	1	0.006 3	0.001 6	92	2 493.95
13	48 ~ 52	50	1	0.003 1	0.000 8	50	1 545.47
14	52 ~ 56	54	1	0.006 3	0.001 6	108	3 751.95
15	56 ~ 60	58	1	0.003 1	0.000 8	58	2 238.47
总计	—	—	288	1	—	3 420	33 848.75

表 3.14　4 号去向车组大小频数表

组号	各组范围(min)	组中值 M_i	组频数 f_i	频率 F_i	频率密度	$f_i \times M_i$	$f_i \times (M_i - \overline{m})^2$
1	0 ~ 5	2.5	80	0.235 3	0.047 1	200	13 065.07
2	5 ~ 10	7.5	65	0.191 2	0.038 2	487.5	3 933.75
3	10 ~ 15	12.5	50	0.147 1	0.029 4	625	386.26

续上表

组号	各组范围(min)	组中值 M_i	组频数 f_i	频率 F_i	频率密度	$f_i \times M_i$	$f_i \times (M_i - \overline{m})^2$
4	15 ~ 20	17.5	47	0.138 2	0.027 6	822.5	231.76
5	20 ~ 25	22.5	30	0.088 2	0.017 6	675	1 564.11
6	25 ~ 30	27.5	22	0.064 7	0.012 9	605	3 285.54
7	30 ~ 35	32.5	19	0.055 9	0.011 2	617.5	5 634.43
8	35 ~ 40	37.5	12	0.035 3	0.007 1	450	5 925.05
9	40 ~ 45	42.5	6	0.017 6	0.003 5	255	4 445.76
10	45 ~ 50	47.5	5	0.014 7	0.002 9	237.5	5 190.83
11	50 ~ 55	52.5	2	0.005 9	0.001 2	105	2 770.74
12	55 ~ 60	57.5	2	0.005 9	0.001 2	115	3 565.16
总计	—	—	340	1	—	5 195	49 998.46

2. 数字特征的计算和分析

依据表 3.11 ~ 表 3.14，作出相应的车组大小频率密度直方图，如图 3.5 ~ 图 3.8 所示。

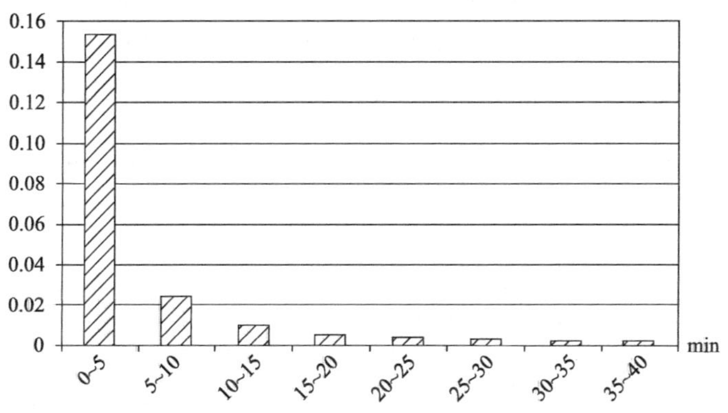

图 3.5　去向 1 车组大小分布频率密度直方图

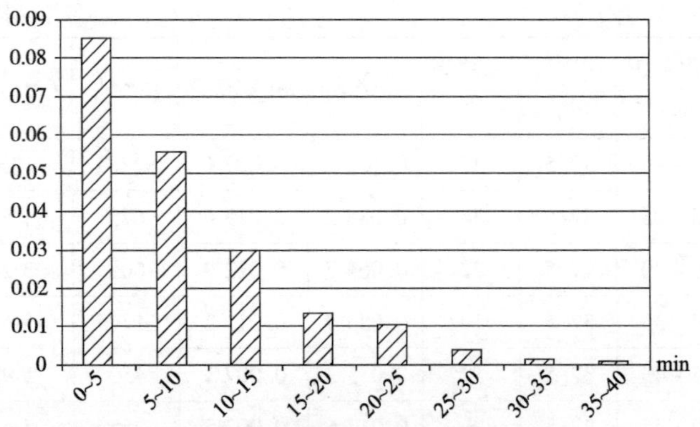

图 3.6　去向 2 车组大小分布频率密度直方图

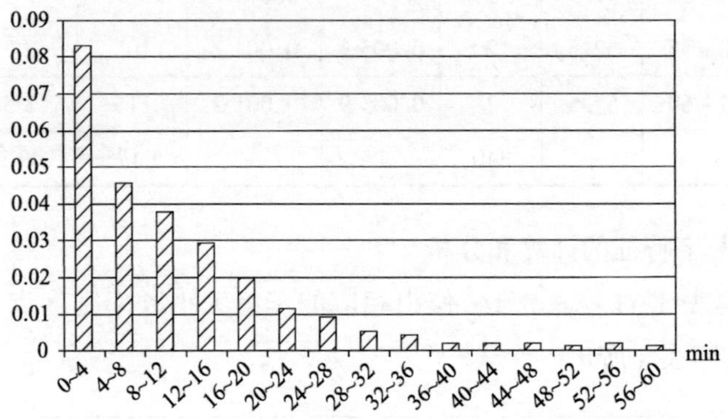

图 3.7　去向 3 车组大小分布频率密度直方图

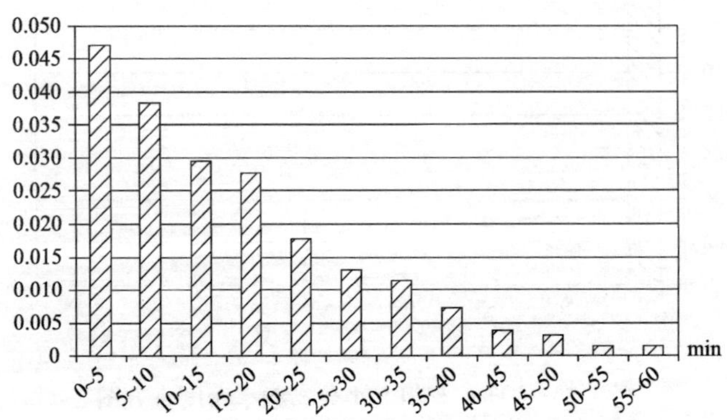

图 3.8　去向 4 车组大小分布频率密度直方图

从图3.5～图3.8的车组大小分布频率密度直方图看出，图形基本服从几何分布。因此，先假设车组大小的理论分布函数为几何分布，然后应用皮尔逊准则进行χ^2检验，验证其是否服从几何分布。

根据表3.11～表3.14以及式(3.8)～式(3.12)，分别求出去向1—4车组大小数据的数字特征，计算结果见表3.15。

表3.15 去向1—4车组大小的数字特征

去向 i	均值$\overline{m}$	$1/\overline{m}$	均方差	变异系数
1	4.86	0.21	4.80	0.99
2	8.22	0.12	6.907	0.84
3	10.69	0.09	10.301	0.96
4	9.72	0.10	12.144	0.79

3. 分布的皮尔逊检验

应用皮尔逊准则对去向1—4的车组大小的理论分布函数进行χ^2检验，计算结果见表3.16～表3.19。

表3.16 1号车组大小分布函数假设检验

组号	各组范围	组频数 $f_i(N_i)$	分布函数 $F(t_i)$	理论频率 $\hat{p}_i$	理论频数 $N\hat{p}_i$	$(N_i-N\hat{p}_i)^2$	$\frac{(N_i-N\hat{p}_i)^2}{N\hat{p}_i}$
1	0～5	200	0.650 0	0.650 0	169.65	921.12	2.429
2	5～10	32	0.877 5	0.227 5	59.38	749.53	1.623
3	10～15	13	0.957 1	0.079 6	20.78	60.46	0.910
4	15～20	7	0.985 0	0.027 9	7.28	0.08	0.011
5	20～25	4	0.994 8	0.009 8	2.56	2.08	0.813
6	25～30	3	0.998 2	0.003 4	0.89	4.46	1.029
7	30～35	1	0.999 4	0.001 2	0.31	0.47	1.506
8	35～40	1	0.999 8	0.000 4	0.10	0.80	3.683
总计	—	261	—	0.999 8	—	—	12.004

表 3.17　2 号去向车流分布函数假设检验

组号	各组范围	组频数 $f_i(N_i)$	分布函数 $F(t_i)$	理论频率 $\hat{p}_i$	理论频数 $N\hat{p}_i$	$(N_i - N\hat{p}_i)^2$	$\frac{(N_i - N\hat{p}_i)^2}{N\hat{p}_i}$
1	0～5	115	0.451 2	0.451 2	121.82	46.57	2.429
2	5～10	75	0.698 8	0.247 6	66.85	66.39	1.623
3	10～15	40	0.834 7	0.135 9	36.69	10.94	0.910
4	15～20	18	0.909 3	0.074 6	20.14	4.59	0.228
5	20～25	14	0.950 2	0.040 9	11.04	8.74	0.792
6	25～30	5	0.972 7	0.022 5	6.08	1.16	1.029
7	30～35	2	0.985 0	0.012 3	3.321	1.75	0.525
8	35～40	1	0.991 8	0.006 8	1.84	0.70	3.683
总计	—	270	—	0.991 8	—	—	11.219

表 3.18　3 号去向车流分布函数假设检验

组号	各组范围	组频数 $f_i(N_i)$	分布函数 $F(t_i)$	理论频率 $\hat{p}_i$	理论频数 $N\hat{p}_i$	$(N_i - N\hat{p}_i)^2$	$\frac{(N_i - N\hat{p}_i)^2}{N\hat{p}_i}$
1	0～4	106	0.302 3	0.302 3	87.06	358.63	4.119
2	4～8	57	0.513 2	0.210 9	60.74	13.98	0.230
3	8～12	43	0.660 4	0.147 2	42.39	0.37	0.009
4	12～16	34	0.763 1	0.102 7	29.58	19.56	0.661
5	16～20	15	0.834 7	0.071 6	20.62	31.59	1.532
6	20～24	10	0.884 7	0.050 0	14.40	19.36	1.344
7	24～28	7	0.919 5	0.034 8	10.02	9.13	0.911
8	28～32	5	0.943 9	0.024 4	7.03	4.11	0.585
9	32～36	3	0.960 8	0.016 9	4.87	3.49	0.716
10	36～40	2	0.972 7	0.011 9	3.43	2.04	0.594
11	40～44	2	0.980 9	0.008 2	2.36	0.14	0.055

续上表

组号	各组范围	组频数 $f_i(N_i)$	分布函数 $F(t_i)$	理论频率 $\hat{p}_i$	理论频数 $N\hat{p}_i$	$(N_i-N\hat{p}_i)^2$	$\frac{(N_i-N\hat{p}_i)^2}{N\hat{p}_i}$
12	44～48	1	0.986 7	0.005 8	1.67	0.45	0.269
13	48～52	1	0.990 7	0.004 0	1.15	0.02	0.020
14	52～56	1	0.993 5	0.002 8	0.81	0.04	0.046
15	56～60	1	0.995 5	0.002 0	0.58	0.18	0.312
总计	—	288	—	0.995 5	—	—	11.406

表 3.19　4 号去向车流分布函数假设检验

组号	各组范围	组频数 $f_i(N_i)$	分布函数 $F(t_i)$	理论频率 $\hat{p}_i$	理论频数 $N\hat{p}_i$	$(N_i-N\hat{p}_i)^2$	$\frac{(N_i-N\hat{p}_i)^2}{N\hat{p}_i}$
1	0～5	80	0.295 3	0.295 3	100.40	416.24	3.146
2	5～10	65	0.503 4	0.208 1	70.75	33.11	0.468
3	10～15	50	0.650 1	0.146 7	49.88	0.01	0.000 2
4	15～20	47	0.753 4	0.103 3	35.12	141.09	3.017
5	20～25	30	0.826 2	0.072 8	24.75	27.54	1.113
6	25～30	22	0.877 5	0.051 3	17.44	20.78	1.191
7	30～35	19	0.913 7	0.036 2	12.31	44.78	1.639
8	35～40	12	0.939 2	0.025 5	8.67	11.09	1.270
9	40～45	6	0.957 1	0.017 9	6.09	0.01	0.001
10	45～50	5	0.969 8	0.012 7	4.32	0.47	0.108
11	50～55	2	0.978 7	0.008 9	3.03	1.05	0.348
12	55～60	2	0.985 0	0.006 3	2.14	0.02	0.009
总计	—	340	—	0.985 0	—	—	12.318

由表 3.16 可知，统计量$\chi^2=12.004$，当取$\alpha=0.05$时，查χ^2分布表得到$\chi^2_{1-\alpha}(8-1-1)=12.592$，而$\chi^2=12.004<12.592$，则接受原假设，

即在显著性水平 $\alpha = 0.05$ 时，去向 1 的车组大小近似服从几何分布。

由表 3.17 可知，统计量 $\chi^2 = 11.219$，当取 $\alpha = 0.05$ 时，查 χ^2 分布表得到 $\chi^2_{1-\alpha}(8-1-1) = 12.592$，而 $\chi^2 = 11.219 < 12.592$，则接受原假设，即在显著性水平 $\alpha = 0.05$ 时，去向 2 的车组大小近似服从几何分布。

由表 3.18 可知，统计量 $\chi^2 = 11.406$，当取 $\alpha = 0.05$ 时，查 χ^2 分布表得到 $\chi^2_{1-\alpha}(15-1-1) = 22.36$，而 $\chi^2 = 11.406 < 22.36$，则接受原假设，即在显著性水平 $\alpha = 0.05$ 时，去向 3 的车组大小近似服从几何分布。

由表 3.19 可知，统计量 $\chi^2 = 12.318$，当取 $\alpha = 0.05$ 时，查 χ^2 分布表得到 $\chi^2_{1-\alpha}(12-1-1) = 18.31$，而 $\chi^2 = 12.318 < 18.31$，则接受原假设，即在显著性水平 $\alpha = 0.05$ 时，去向 4 的车组大小近似服从几何分布。

4 集结编组出发系统排队模型

定时集结模式严格执行按图行车，提高了系统作业的安全性和效率，有利于系统作业的正常进行，而且使得货车在系统的等待时间减少。然而，出发列车的平均编成辆数减小将导致出发列车数增多，从而增加调车机车编组次数，也可以说增加了牵出线和担当编组任务的调车机车负荷。此外，由于向区间发出的列车数增多，导致机车公里、机车小时费用支出相应增大。

本章将集结、编组和出发系统作为一个整体研究，分析货车在该系统的作业特点，基于排队论理论，分别建立货车采用定时、定编集结在集编系统的排队模型，并求解定时、定编集结货车平均停留时间，定时集结出发列车的欠轴率和平均欠轴车数，以及定时集结加开列车数等相关指标值，之后定量分析车流量和定编集结开行列车使用系数对所求指标值的影响。

4.1 货车在集结编组出发系统的排队作业过程

4.1.1 分析货车在集结、编组、出发系统的主要等待时间

货车解体后即进入调车场股道等待编入出发车列，这一等待过程

称为新列车的集结过程。由于编组调车机车数量以及运行图规定发车时间(简称“图定发车时间”)的限制,已集结货车需在调车场内等待编入新车列或图定发车时间,因此集结、编组和出发系统可以看成二阶串联排队系统。第一阶“集结—编组排队系统”(简称“集编系统”)由集结车流、调车机车及牵出线构成,系统服务率(指单位时间内牵出的车列数)由编组机车能力决定;第二阶“出发排队系统”由经编组、出发作业后的车列与“图定发车时间”构成,系统服务率(指单位时间内出发列车数)由图定发车时间决定。

当货车采用定时集结模式时,为了保证车列按照图定时间发车,集结过程结束时刻(或编组作业开始时刻)应当是确定的,因此将不考虑编组能力的制约条件。在对比分析定时、定编集结模式的有利性以及建立相应的排队模型时,系统的设备条件应是一致的,因此在建立两种集结模式的排队模型时将不考虑编组能力的制约条件。此外,由于增加列检组并非难事,且等待出发作业通常在车列等待图定发车时间内完成,因此等待出发作业时间将不予考虑。

综上所述,当不考虑编组能力和技检能力的制约条件时(即不存在编组能力不足导致集结结束后车列等待编组作业和技检作业的时间),从车列集结结束到发车完毕的一段时间视为相对固定的时间。因此,本书将货车在“集结、编组、出发系统”的排队过程简化为货车在集编系统的排队过程,由于货车“集结时长”是由图定发车间隔时间决定(而货车采用“定编集结模式”的集结时长除了图定发车间隔时间决定外,若在集结结束时未集结满轴,需要继续等待集结满轴的时间),因此集编系统的服务能力由图定发车间隔时间决定,即编组调车机车到达间隔时间等于图定发车间隔时间。

本书应用排队论,分别构建货车采用定时、定编集结在集编系统的排队模型,并求得货车采用两种集结模式在集编系统的平均停留时间以及定时集结的欠轴率及欠轴车数等相关指标。

4.1.2　定时集结模式对集编系统的影响

定时集结模式严格按图行车,提高了系统作业效率和安全性,有利于系统作业的正常进行,而且使得货车在系统的等待时间减少。然而定时集结按图行车有可能产生欠轴车数,因此需要加开列车来完成车流运输任务。加开列车将增加调车机车编组次数,也可以说增加了牵出线和担当编组任务的调车机车负荷。此外,定时集结加开列车将增加区间内机车公里、机车小时、机车乘务组小时的费用支出。

本章分析货车分别采用定编集结和定时集结的作业特点,应用排队论理论分别建立定编、定时集结模式的排队模型,并求解集编系统内定时、定编集结货车平均停留时间、定时集结出发列车的欠轴率和平均欠轴车数,以及定时集结相比定编集结加开列车数等相关指标值,之后定量分析车流量和定编集结开行列车使用系数对上述指标值的影响,为求解两种集结模式技术经济效益值奠定理论基础。

4.1.3　货车采用定编、定时集结在集编系统的作业过程

当定编、定时集结每天出发列车数相等时,由于定编集结是满轴发车,而定时集结是按照图定时间发车,因此一昼夜可能存在欠轴车数,需要加开列车来完成车流运输任务。本节将分别阐述货车采用定时、定编集结的作业过程。

已知列车运行图规定某去向列车出发时刻为 $t_j(j=1,2,\cdots,n_{\text{图}})$,则车列正点离开集编系统的时刻为 t_j',且满足 $t_j'=t_j-t_{\text{出发}}$($t_{\text{出发}}$为车列出发作业时间),相邻车列正点离开集编系统的间隔时间为 $D=t_j'-t_{j-1}'=t_j-t_{j-1}$,因此上一车列离开集编系统至下一编组调车机车按时到达集编系统的间隔时间为集结时间 Q,且满足

$$Q=D-G_j=t_j-t_{j-1}-G_j$$

编组机车按时到达集编系统的时刻 t_b 为

$$t_b = t_j' - G_j$$

式中 D——列车出发间隔时间(或车列离开集编系统的时间间隔),min;

G_j——第 j 列车的编组作业时间,min。

1. 定编、定时集结在集编系统的出发列车数以及运输组织工作

(1)定编集结出发列车数和运输组织工作

选择去向 i 某一周期内(如 30 d)的集结车流数据,经计算,去向 i 一昼夜的平均车流量为 N_i,则该去向采用定编集结平均一昼夜出发列车数为

$$n_{i1} = N_i / m_{定编}$$

则运行图规定去向 i 的出发列车数为 $n_{i图}$(其中 $n_{i图}-1$ 列为固定运行线,第 $n_{i图}$ 列为不固定运行线),并给出 $n_{i图}$ 列列车的出发时间分别为 $t_j(j=1,2,\cdots,n_{i图})$。

$$n_{i图} = \lceil n_{i1} \rceil$$

式中 n_{i1}——定编集结一昼夜平均开行列车数,列;

N_i——去向 i 一昼夜的平均车流量,辆;

$m_{定编}$——满轴车辆数,辆;

$\lceil\,\rceil$——向上取整符号;

$n_{i图}$——运行图规定去向 i 出发列车数,列。

集编系统内,定编集结出发列车的运输组织工作主要有以下三种:

①满轴发车。当在时刻 t_j'时,若已集结车数为 $m_{集}$,$m_{集} \geqslant m_{定编}$,则 $m_{定编}$辆货车按时离开集编系统,剩余货车参与下一车列的集结过程;若已集结车数 $m_{集} \geqslant 2m_{定编}$,第一列车列按图定运行线发车,后面的列车利用加开运行线出发。本书将车列不能使用该去向原图定运行线发车的现象叫加开。加开使用的运行线主要有三种[10]:一是备用运行线;

二是其他车次因未集结满轴或其他原因而丢弃的运行线；三是为了及时发车而新添加的运行线。

②晚点发车和丢线。当在时刻 t_j' 时，若已集结车数 $m_{集} < m_{定编}$，货车需继续集结，若在时刻 t_{j+1}' 之前集结满轴，则利用原来的图定运行线晚点发车；若在时刻 t_{j+1}' 之前未集结满轴，则丢线处理，已集结货车利用第 $j+1$ 列列车运行线晚点发车。本书将集结车数不满轴造成的使用原来运行线晚于规定时间出发的现象称作晚点发车，将集结车数不满轴造成的未使用原来运行线出发的现象称作丢线。

(2)定时集结出发列车数和运输组织工作

当货车采用定时集结时，若每天开行的列车数与定编集结开行列车数相同，由于定时集结严格按照图定时间发车，则有可能产生欠轴车数。例如，去向 i 采用定编集结一昼夜平均开行列车数为 $n_{i1} = 2.2$(列)，则运行图需给出 3 列列车的发车时间 t_1、t_2、t_3。当某一天定编集结开行 2 列列车时，则定时集结需要按照图定时间 t_1 和 t_2(或 t_1 和 t_3)开行 2 列列车，因此可能产生欠轴车数。

为了完成与定编集结相同车流量的运输任务，需要计算定时集结出发列车的欠轴率和平均欠轴车数，从而得到一昼夜定时集结相比定编集结加开列车数。

加开列车后，定时集结一昼夜开行列车数由定编集结平均开行列车数的小数部分和加开列车数共同决定，有以下两种情况：

①当定编集结开行列车数的小数部分与加开列车数计算值 $n_{i差}$ 之和在 0 ~ 1 列之间(包括 1 列)时，则定时集结一昼夜平均开行列车数为

$$n_{i2} = \lfloor n_{i1} \rfloor + 1 = n_{i图}$$

定时集结实际加开列车数为(用于两种集结模式技术经济效益计算)

$$n'_{i差} = n_{i2} - n_{i1} = n_{i图} - n_{i1}$$

式中 $\lfloor \ \rfloor$——向下取整符号。

②当定编集结开行列车数的小数部分与加开列车数计算值 $n_{i差}$ 之和在 1 ~2 列之间(不包括 1 列,包括 2 列)时,则定时集结一昼夜平均开行列车数为

$$n_{i2} = \lfloor n_{i1} \rfloor + 2$$

因此定时集结实际加开列车数为

$$n'_{i差} = \lfloor n_{i1} \rfloor + 2 - n_{i1}$$

因此计算定时集结加开列车数和货车平均停留时间的具体步骤如下:

①依据定时集结和定编集结每天开行列车数相同,确定定时集结出发列车间隔时间的分布。

②将相关参数带入公式求解定时集结的欠轴率和平均欠轴车数,得到定时集结加开列车数的计算值。

③根据一昼夜定编集结平均出发列车数和加开列车数的大小,确定加开列车后定时集结一昼夜出发列车数以及出发列车间隔时间分布。

④将相关参数带入定时集结货车平均停留时间计算公式,得到集编系统内定时集结货车平均停留时间。

集编系统内,定时集结出发列车的运输组织工作主要有以下两种:

①欠轴发车。当编组调车机车按时到达后,若已集结车数 $m_{集} < m_{定编}$,则车列按时离开集编系统。

②满轴发车。当编组调车机车按时到达后,若已集结车数在 $m_{集} \geq m_{定编}$,则 $m_{定编}$ 辆货车按时离开集编系统,剩余货车参与下一车列的集结过程;若已集结车数 $m_{集} \geq 2m_{定编}$,第一列车列按图定运行线发车,后面的车列使用备用或加开运行线发车。

2. 货车采用定编、定时集结在集编系统的作业过程

在集编系统内,货车采用定时、定编集结的作业过程如图 4.1

所示。

(1)当货车采用定编集结时,车列从集编系统出发的情况有以下两种:

①若货车在集结时间 Q 内集结满轴,则 $m_{定编}$ 辆货车经编组作业后按规定时间 t_j 离开集编系统,其中 G 为编组作业时间。

②若货车在集结时间 Q 内未集结满轴,则编组作业推迟到货车集结满轴后进行(将编组机车按时到达集编系统至货车集结满轴的过程定义为 P),编组作业结束后车列离开系统。

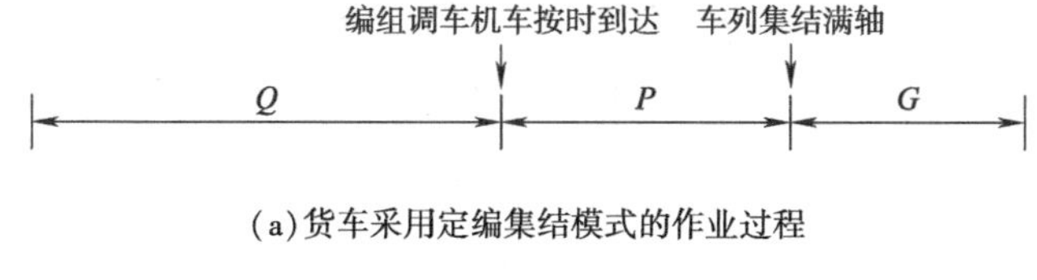

(a)货车采用定编集结模式的作业过程

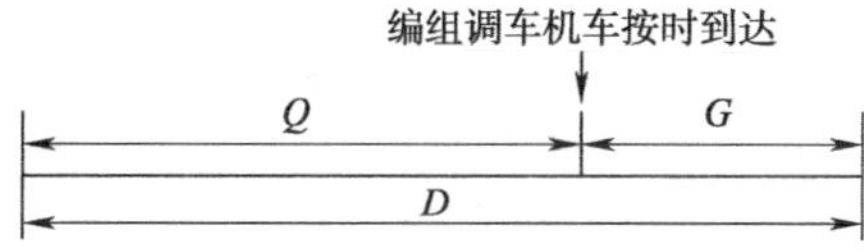

(b)货车采用定时集结模式的作业过程

图 4.1　货车采用定编、定时集结在集编系统的作业过程

(2)当货车采用定时集结时,车列从集编系统出发情况只有一种:

编组调车机车按时到达系统后,不论集结车数是否满轴都要进行编组作业并正点离开系统,图 4.1(b)中 D 为定时集结模式下固定的集结和编组总时间。

综上分析可知,在集编系统内,货车采用定时、定编集结作业过程的区别体现在欠轴车列的作业过程。当编组调车机车按时到达系统时已集结车数未满轴(即欠轴车列),若采用定时集结模式时,车列立刻进行编组作业;而采用定编集结模式时,已集结货车需要继续集结至满轴后开始编组作业。因此,货车采用定编集结将增加货车在系统的停留时间,导致列车晚点发车;此外,由于定时、定编集结一昼夜到达车流量相同,则货车采用定时集结将导致出发列车数增多。

4.2 货车在集编系统内采用定编集结模式的排队模型

集结车流是以车组的形式到达,而集编排队系统的出发车流是以车列为单位,因此以货车为研究对象较为合理,本书将集编系统内货车采用定编集结的排队过程描述为以图定发车时间决定系统服务率的批到达、批服务 M/G/1 排队系统。货车在集编系统内的等待时间主要是等待集结满轴和等待图定发车时间两部分,并对排队模型求解,得到货车在系统的平均停留时间。集编系统内货车采用定编集结的排队过程如图 4.2 所示。

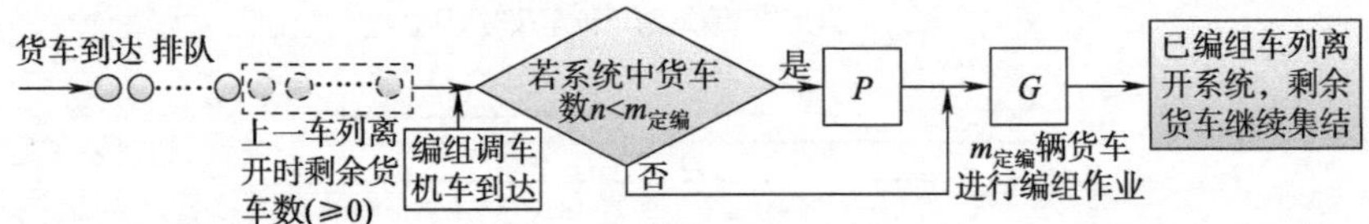

图 4.2　货车在集编系统内采用定编集结模式的排队过程

4.2.1 定编集结模式集编系统构成要素

(1)输入过程:去向 $i(i=1,2,\cdots)$ 的集结车流服从复合齐次泊松分布,即车组(批量)到达服从参数为 λ_0 的泊松分布,同一时刻到达货车数(批量大小)为一正整数随机变量 X,其分布为 $P(X=i)=a_i(i=1,2,\cdots)$,且各批量到达货车数相互独立。

(2)服务机构:编组调车机车。

(3)排队规则:先到先服务。

(4)编组服务过程为 G,郑时德[44] 得到编组站各系统的作业时间统计分布规律通常符合负指数分布、爱尔朗分布、二阶混合爱尔朗分布、组合爱尔朗分布、超指数分布或正态分布，特殊情况下也可能服从其他分布规律。为使所建模型满足上述情况，设编组服务过程时长服从一般（任意）分布；分布函数、密度函数和失效率函数分别为 $S(x)$、$s(x)$、$\mu(x)$，其中 $\mu(x)=s(x)/(1-S(x))$。G 有有限的一阶矩和二阶矩。

（5）不同去向列车的出发时刻表是已知的，则车列正点离开集编系统的时刻为 $t_j'(t_j-t_j'=t_{出发})$，编组机车到达系统开始作业的时刻为 $t_b=t_j'-S_j$（S_j为第 j 车列的编组作业时间）。

（6）满轴要求，一律用列车辆数作为满轴标准。当编组机车按时到达系统时，若集结货车数未满轴，则编组机车需要继续等待，直到集结满轴后开始作业；若已集结货车数大于等于满轴车辆数，则马上进行编组作业。

（7）上一车列离开集编系统至下一编组调车机车到达系统的间隔时间为集结过程 Q。陆凤山等[11]统计 400 辆列车的有关数据，得出列车出发间隔时间服从简单流或二阶爱尔朗流，为使所建模型适用范围较广，设集结过程时长服从一般（任意）分布，分布函数、密度函数和失效率函数分别为 $W(y)$、$w(y)$、$\delta(y)$，其中 $\delta(y)=w(y)/(1-W(y))$。Q 有有限的一阶矩和二阶矩。

（8）在安排发车时，不考虑机务能力的限制。

（9）上述各随机变量相互独立。

4.2.2 模型求解

通过分析货车在集编系统作业特点，建立系统马尔可夫排队过程。依据系统状态转移关系，建立稳态微积分方程组，之后应用补充变量法进行求解。

令 $\phi(t)$ 为系统在时刻 t 所处的状态，即

$$\phi(t)=\begin{cases}2, & \text{货车集结过程}\\1, & \text{编组作业过程}\\0, & \text{编组机车等待集结满轴的过程}\end{cases}$$

设 $N(t)$ 为时刻 t 的某去向货车数，包括正在进行编组作业的货车。此处引入补充变量 $D(t)$ 和 $Y(t)$，其中，$D(t)$ 表示当系统状态 $\phi(t)=1$ 时，时刻 t 正在编组的车列已逝去的编组作业时间；$Y(t)$ 表示当系统状态 $\phi(t)=2$ 时，时刻 t 正在集结的车列已逝去的集结作业时间；而当系统状态 $\phi(t)=0$ 时，该状态下的时间长短由货车是否集结满轴决定，由于货车到达服从泊松分布，因此该状态下不需要补充时间变量。

因此，$\lceil \phi(t), N(t), D(t), Y(t) \rceil$ 为集编系统的向量马氏过程。

集编系统在时刻 t 的状态概率如下：

$$Q_m(y,t)\mathrm{d}y=P_r\{\phi(t)=2, N(t)=m, y<Y(t)\leqslant y+\mathrm{d}y\}, t>0, y>0, m\geqslant 0$$

$Q_m(y,t)\mathrm{d}y$ 表示在时刻 t 货车正在进行集结过程，已集结的货车数为 m，满足 $m\geqslant 0$，已逝去的集结时间为 $Y(t)$；

$$G_m(x,t)\mathrm{d}x=P_r\{\phi(t)=1, N(t)=m, x<D(t)\leqslant x+\mathrm{d}x\}, t>0, x>0, m\geqslant m_{定编}$$

$G_m(x,t)\mathrm{d}x$ 表示时刻 t 货车在进行编组作业过程，已集结货车数为 m，满足 $m\geqslant m_{定编}$，已逝去的编组作业时间为 $D(t)$；

$$P_m(t)=P_r\{\phi(t)=0, N(t)=m\}, t>0, 0\leqslant m<m_{定编}$$

$P_m(t)$ 表示时刻 t 编组机车到达，未满轴货车继续集结满轴的过程，已集结货车数 m 满足 $0\leqslant m<m_{定编}$。

当定时、定编集结一昼夜平均出发列车数相同时，由于定时集结按时发车，从而存在欠轴列车。日欠轴车数将导致定时集结出发列车数的增多，通过排队模型求得日欠轴车数，并计算定时集结相比定编集结加开的列车数。

由于车流到达服从泊松分布，由 Burke 定理[45]知，系统稳态存在的

充分必要条件为 $\lambda_0 E(X)(E(S)+E(W))<m_{定编}$。系统的状态转移如图 4.3 所示。

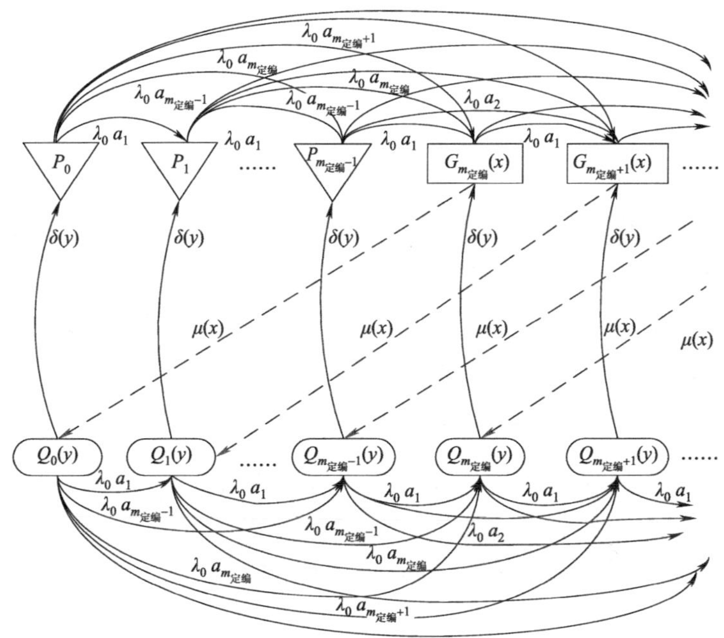

图 4.3　定编集结系统状态转移图

注：⬭—集结状态；▭—编组状态；▽—货车等待集结满轴状态

本书将建立定编集结模式的排队模型，具体如下：

(1)若从时刻 t 经过 Δt 后，货车数 $N(t+\Delta t)=0$，系统状态为 $\phi(t)=0$(集结结束后，货车未集结满轴)。则在时刻 t 存在两种情况：①当状态为 $\phi(t)=0, N(t)=0$，且在 $(t,t+\Delta t]$ 内没有货车到达；②在状态为 $\phi(t)=2$ 时，已集结时间为 y，为任意正值；已集结货车为 $N(t)=0$，且在 $(t,t+\Delta t]$ 内由集结状态 $(\phi(t)=2)$ 转移为继续集结的状态 $(\phi(t)=0)$。因此有

$$P_0(t+\Delta t)=P_0(t)(1-\lambda_0\Delta t)+\int_0^{\infty}Q_0(t,y)\delta(y)\Delta t\mathrm{d}y+o(\Delta t) \tag{4.1}$$

整理得

$$\lambda_0 P_0(t)=\int_0^{\infty}Q_0(t,y)\delta(y)\mathrm{d}y$$

(2)若从时刻 t 经过 Δt 后，货车数为 $N(t+\Delta t)=m(0<m<m_{定编})$，系统状态为 $\phi(t)=0$。则在时刻 t 有以下两种情况：①在状态 $\phi(t)=0$，$N(t)=m$，且在 $(t,t+\Delta t]$ 内没有货车到达；若 $N(t)=m-1,\cdots,0$，则在 $(t,t+\Delta t]$ 内到达 $1,\cdots,m$ 辆货车；②在状态为 $\phi(t)=2$ 时，已集结时间为 y，为任意正值；已集结货车 $N(t)=m$，且在 $(t,t+\Delta t]$ 内由集结状态 $(\phi(t)=2)$ 转移为继续集结的状态 $(\phi(t)=0)$。因此有

$$P_m(t+\Delta t)=P_m(t)(1-\lambda_0\Delta t)+\sum_{i=1}^{m}\lambda_0 a_i P_{m-i}(t)\Delta t+\int_0^{\infty}Q_m(t,y)\delta(y)\Delta t\mathrm{d}y+o(\Delta t) \tag{4.2}$$

整理得

$$\lambda_0 P_m(t)=\lambda_0\sum_{i=1}^{m}a_i P_{m-i}(t)+\int_0^{\infty}Q_m(t,y)\delta(y)\mathrm{d}y$$

(3)若从时刻 t 经过 Δt 后，货车数为 $N(t+\Delta t)=m_{定编}$，系统状态为 $\phi(t)=1$，已编组时间为 $x+\Delta t$。则在时刻 t 有：系统状态为 $\phi(t)=1$，编组作业时间为 x 时，$N(t)=m_{定编}$，且在 $(t,t+\Delta t]$ 内既没有货车到达，也不出现编组作业结束，因此得

$$G_{m_{定编}}(t+\Delta t,x+\Delta t)=G_{m_{定编}}(t,x)[1-(\lambda_0+\mu(x))\Delta t]+o(\Delta t) \tag{4.3}$$

整理得

$$\lim_{\Delta t\to 0}\frac{G_{m_{定编}}(t+\Delta t,x+\Delta t)-G_{m_{定编}}(t,x)}{\Delta t}=\frac{-G_{m_{定编}}(t,x)\times(\lambda_0+\mu(x))\Delta t}{\Delta t}+o(\Delta t)$$

$$\frac{\mathrm{d}G_{m_{定编}}(t,x)}{\mathrm{d}x}+(\lambda_0+\mu(x))G_{m_{定编}}(t,x)=0$$

(4)若从时刻 t 经过 Δt 后,货车数为 $N(t+\Delta t)=m(m>m_{定编})$,系统状态为 $\phi(t)=1$,已编组时间为 $x+\Delta t$。则在时刻 t 有:系统状态为 $\phi(t)=1$,已编组作业时间为 x,若 $N(x)=m(m>m_{定编})$,在 $(t,t+\Delta t]$ 内既没有货车到达,也不出现编组作业结束;若 $N(t)=m-1,\cdots,0$,则在 $(t,t+\Delta t]$ 内到达 $1,\cdots,m$ 辆货车,因此得

$$G_m(t+\Delta t,x+\Delta t)=G_m(t,x)[1-(\lambda_0+\mu(x))\Delta t]+\sum_{i=1}^{m-m_{定编}}\lambda_0 a_i G_{m-i}(t,x)\Delta t+o(\Delta t) \tag{4.4}$$

整理得

$$\lim_{\Delta t\to 0}\frac{G_m(t+\Delta t,x+\Delta t)-G_m(t,x)}{\Delta t}=\frac{-G_m(t,x)\times(\lambda_0+\mu(x))\Delta t}{\Delta t}+\frac{\sum_{i=1}^{m-m_{定编}}\lambda_0 a_i G_{m-i}(t,x)}{\Delta t}+o(\Delta t)$$

$$\frac{\mathrm{d}G_m(t,x)}{\mathrm{d}x}+(\lambda_0+\mu(x))G_m(t,x)=\lambda_0\sum_{i=1}^{m-m_{定编}}a_i G_{m-i}(t,x)$$

(5)若从时刻 t 经过 Δt 后,货车数为 $N(t+\Delta t)=0$,系统状态为 $\phi(t)=2$,已集结时间为 $y+\Delta t$。则在时刻 t 有:系统状态为 $\phi(t)=2$,已集结时间为 y,货车数 $N(t)=0$,且在 $(t,t+\Delta t]$ 内既没有货车到达,也不出现集结作业结束,因此得

$$Q_0(t+\Delta t,y+\Delta t)=Q_0(t,y)[1-(\lambda_0+\delta(y))\Delta t]+o(\Delta t) \tag{4.5}$$

整理得

$$\lim_{\Delta t\to 0}\frac{Q_0(t+\Delta t,y+\Delta t)-Q_0(t,y)}{\Delta t}=\frac{-Q_0(t,y)\times(\lambda_0+\delta(y))\Delta t}{\Delta t}+o(\Delta t)$$

$$\frac{\mathrm{d}Q_0(t,y)}{\mathrm{d}y}+(\lambda_0+\delta(y))Q_0(t,y)=0$$

(6)若从时刻 t 经过 Δt 后,货车数满足 $N(t+\Delta t)=m(m>0)$,系统状态为 $\phi(t)=2$,已集结时间为 $y+\Delta t$。则在时刻 t 有:系统状态为 $\phi(t)=2$,已集结时间为 y,若货车数 $N(t)=m$,且在$(t,t+\Delta t]$内既没有货车到达,也不出现集结作业结束;若 $N(t)=m-1,\cdots,0$,则在$(t,t+\Delta t]$内到达 $1,\cdots,m$ 辆货车,因此得

$$Q_m(t+\Delta t,y+\Delta t)=Q_m(t,y)[1-(\lambda_0+\delta(y))\Delta t]+\sum_{i=1}^{m}\lambda_0 a_i Q_{m-i}(t,y)\Delta t+o(\Delta t) \tag{4.6}$$

整理得

$$\lim_{\Delta t\to 0}\frac{Q_m(t+\Delta t,y+\Delta t)-Q_m(t,y)}{\Delta t}=\frac{-Q_m(t,y)\times(\lambda_0+\delta(y))\Delta t}{\Delta t}+\frac{\sum_{i=1}^{m}\lambda_0 a_i Q_{m-i}(t,y)}{\Delta t}+o(\Delta t)$$

$$\frac{\mathrm{d}Q_m(t,y)}{\mathrm{d}y}+(\lambda_0+\delta(y))Q_m(t,y)=\lambda_0\sum_{i=1}^{m}a_i Q_{m-i}(t,y)$$

(7)若从时刻 t 经过 Δt 后,货车数 $N(t+\Delta t)=m(m\geqslant m_{定编})$,系统状态为 $\phi(t)=1$,已编组时间为 $x=0$。则在时刻 t 有以下两种情况:①在时刻 t,货车数为 $N(t)=m(m\geqslant 0)$,系统状态为 $\phi(t)=2$,已集结时间为 y,且在$(t,t+\Delta t]$内集结状态结束,系统状态由集结状态($\phi(t)=2$)转移至编组状态($\phi(t)=1$);②在时刻 t,系统状态 $\phi(t)=0$,$N(t)=m-1,\cdots,0$,则在$(t,t+\Delta t)]$内到达 $1,\cdots,m$ 辆货车;因此有

$$G_m(t+\Delta t,0)=\sum_{i=0}^{m_{定编}-1}\lambda_0 a_{m-i}P_i(t)\Delta t+\int_0^{\infty}Q_m(t,y)\delta(y)\Delta t\mathrm{d}y+o(\Delta t) \tag{4.7}$$

整理得

$$G_m(t,0)=\int_0^{\infty}Q_m(t,y)\delta(y)\mathrm{d}y+\lambda_0\sum_{i=0}^{m_{定编}-1}a_{m-i}P_i(t)$$

(8)若从时刻 t 经过 Δt 后,货车数 $N(t+\Delta t)=m(m\geqslant 0)$,系统状态为 $\phi(t)=2$,且集结过程还未开始(即 $y=0$)。则在时刻 t,系统状态为 $\phi(t)=1$,货车数 $N(t)=m+m_{定编}$,已编组作业时间为 x,且在 $(t,t+\Delta t]$ 内系统状态由编组作业状态($\phi(t)=1$)转移至集结状态($\phi(t)=2$),因此有

$$Q_m(t+\Delta t,0)=\int_0^{\infty}G_{m+m_{定编}}(t,x)\mu(x)\Delta t\mathrm{d}x+o(\Delta t) \tag{4.8}$$

整理得

$$Q_m(t,0)=\int_0^{\infty}G_{m+m_{定编}}(t,x)\mu(x)\mathrm{d}x$$

由于稳态条件下,瞬时概率的极限概率如下:

$$P_m=\lim_{t\to\infty}P_m(t);G_m(x)=\lim_{t\to\infty}G_m(x,t);Q_m(y)=\lim_{t\to\infty}Q_m(y,t)$$

依据式(4.1)~式(4.8)和稳态条件下的极限概率,得到系统稳态微积分方程组为

$$\lambda_0P_0=\int_0^{\infty}Q_0(y)\delta(y)\mathrm{d}y,m=0 \tag{4.9}$$

$$\lambda_0P_m=\lambda_0\sum_{i=1}^{m}a_iP_{m-i}+\int_0^{\infty}Q_m(y)\delta(y)\mathrm{d}y,1\leqslant m<m_{定编} \tag{4.10}$$

$$\frac{\mathrm{d}G_m(x)}{\mathrm{d}x}+(\lambda_0+\mu(x))G_m(x)=0,m=m_{定编} \tag{4.11}$$

$$\frac{\mathrm{d}G_m(x)}{\mathrm{d}x}+(\lambda_0+\mu(x))G_m(x)=\lambda_0\sum_{i=1}^{m-m_{定编}}a_iG_{m-i}(x),m>m_{定编} \tag{4.12}$$

$$\frac{\mathrm{d}Q_0(y)}{\mathrm{d}y}+(\lambda_0+\delta(y))Q_0(y)=0 \tag{4.13}$$

$$\frac{\mathrm{d}Q_m(y)}{\mathrm{d}y}+(\lambda_0+\delta(y))Q_m(y)=\lambda_0\sum_{i=1}^{m}a_iQ_{m-i}(y),m>0 \tag{4.14}$$

$$G_m(0)=\int_0^{\infty}Q_m(y)\delta(y)\mathrm{d}y+\lambda_0\sum_{i=0}^{m}a_iP_{m-i},m\geqslant m_{定编} \tag{4.15}$$

$$Q_m(0)=\int_0^{\infty}G_{m+m_{定编}}(x)\mu(x)\mathrm{d}x,m\geqslant 0 \tag{4.16}$$

全概率条件：

$$\sum_{m=0}^{m_{定编}-1}P_m+\sum_{m=m_{定编}}^{\infty}\int_0^{\infty}G_m(x)\mathrm{d}x+\sum_{m=0}^{\infty}\int_0^{\infty}Q_m(y)\mathrm{d}y=1 \tag{4.17}$$

为求解上述微分方程组，引入母函数转换如下：

$$X(z)=\sum_{i=1}^{\infty}a_iz^i,|z|\leqslant 1,P(z)=\sum_{m=0}^{m_{定编}-1}P_mz^m,|z|\leqslant 1$$

$$G(x,z)=\sum_{m=m_{定编}}^{\infty}G_m(x)z^m,Q(y,z)=\sum_{m=0}^{\infty}Q_m(y)z^m,|z|\leqslant 1$$

将式(4.11)~式(4.16)分别作母函数变化，可得

$$\frac{\mathrm{d}G(x,z)}{\mathrm{d}x}+(\mu(x)+\lambda_0-\lambda_0X(z))G(x,z)=0 \tag{4.18}$$

$$\frac{\mathrm{d}Q(y,z)}{\mathrm{d}y}+(\delta(y)+\lambda_0-\lambda_0X(z))Q(y,z)=0 \tag{4.19}$$

$$Q(0,z)z^{m_{定编}}=\int_0^{\infty}G(x,z)\mu(x)\mathrm{d}x \tag{4.20}$$

将式(4.10)和式(4.15)分别作母函数变换，并将所有 n 值取和，利用式(4.9)得到

$$G(0,z)=\int_0^{\infty}Q(y,z)\delta(y)\mathrm{d}y+\lambda_0P(z)(X(z)-1) \tag{4.21}$$

由式(4.18)和式(4.19)解得：

$$G(x,z)=G(0,z)(1-S(x))\mathrm{e}^{-a(z)x} \tag{4.22}$$

$$Q(y,z)=Q(0,z)(1-W(y))\mathrm{e}^{-a(z)y} \tag{4.23}$$

其中，$a(z)=\lambda_0(1-X(z))$。

由式(4.13)和式(4.15)可得

$$Q(0,z)z^{m_{定编}}=G(0,z)S^*(a(z)) \tag{4.24}$$

将式(4.21)代入式(4.22)可得

$$G(0,z)=Q(0,z)W^*(a(z))+\lambda_0P(z)(X(z)-1) \tag{4.25}$$

由式(4.24)和式(4.25)可得

$$Q(0,z)=\frac{S^*(a(z))(\lambda_0X(z)-\lambda_0)}{z^{m_{定编}}-S^*(a(z))W^*(a(z))}P(z) \tag{4.26}$$

由式(4.25)和式(4.26)可得

$$G(0,z)=\frac{z^{m_{定编}}(\lambda_0X(z)-\lambda_0)}{z^{m_{定编}}-S^*(a(z))W^*(a(z))}P(z) \tag{4.27}$$

将式(4.27)代入式(4.22)并积分可得

$$\begin{aligned} G(z) &= \int_0^{\infty}G(x,z)\mathrm{d}x = \int_0^{\infty}G(0,z)(1-S(x))\mathrm{e}^{-a(z)x}\mathrm{d}x \\ &= \frac{z^{m_{定编}}(\lambda_0X(z)-\lambda_0)}{z^{m_{定编}}-S^*(a(z))W^*(a(z))}P(z)\frac{1-S^*(a(z))}{a(z)} \\ &= \frac{z^{m_{定编}}(1-S^*(a(z)))}{S^*(a(z))W^*(a(z))-z^{m_{定编}}}P(z) \end{aligned} \tag{4.28}$$

将式(4.26)代入式(4.23)并积分可得

$$\begin{aligned} Q(z) &= \int_0^{\infty}Q(y,z)\mathrm{d}y = \int_0^{\infty}Q(0,z)(1-W(y))\mathrm{e}^{-a(z)y}\mathrm{d}y \\ &= \frac{S^*(a(z))(\lambda_0X(z)-\lambda_0)}{z^{m_{定编}}-S^*(a(z))W^*(a(z))}P(z)\frac{1-W^*(a(z))}{a(z)} \\ &= \frac{S^*(a(z))(1-W^*(a(z)))}{S^*(a(z))W^*(a(z))-z^{m_{定编}}}P(z) \end{aligned} \tag{4.29}$$

令 $\phi(z)$ 表示稳态下任意时刻队长分布的母函数,可知

$$\begin{aligned} \phi(z) &= Q(z)+G(z)+P(z) \\ &= \frac{S^*(a(z))(1-z^{m_{定编}})}{S^*(a(z))W^*(a(z))-z^{m_{定编}}}P(z) \end{aligned} \tag{4.30}$$

为求得 $P(z)$,定义 $\psi_n(n=0,1,\cdots,m_{定编}-1)$ 表示在系统内货车集结满轴的过程中,一批货车到达系统时,系统已有 n 辆货车的概率,满足

$$\psi_n=\sum_{i=1}^{n}a_i\psi_{n-i}(n=1,\cdots,m_{定编}-1),且\ \psi_0=1$$

利用文献[51]中结论，$P_n(n=0,1,\cdots,m_{定编}-1)$满足

$$P_n=K_0\psi_n(n=0,1,\cdots,m_{定编}-1) \tag{4.31}$$

其中，K_0 为归一化常数。因此，

$$P(z) = K_0\sum_{n=0}^{m_{定编}-1}z^n\psi_n \tag{4.32}$$

利用归一化条件式(4.17)，其等价于 $\phi(1)=1$，可以得到

$$K_0 = (m_{定编}-\tau)/m_{定编}\sum_{n=0}^{m_{定编}-1}\psi_n$$

其中 $\tau=\lambda_0 E(X)(E(S)+E(W))$

因此，根据式(4.32)求得

$$P(z) = (m_{定编}-\tau)\sum_{n=0}^{m_{定编}-1}z^n\psi_n/\left(m_{定编}\left[\sum_{n=0}^{m_{定编}-1}\psi_n\right]\right) \tag{4.33}$$

将式(4.33)分布代入式(4.28)和式(4.29)可得

$$G(z) = \frac{z^{m_{定编}}(1-S^*(a(z)))}{S^*(a(z))W^*(a(z))-z^{m_{定编}}}\times\frac{(m_{定编}-\tau)\sum_{n=0}^{m_{定编}-1}z^n\psi_n}{m_{定编}\sum_{n=0}^{m_{定编}-1}\psi_n} \tag{4.34}$$

$$Q(z) = \frac{S^*(a(z))(1-W^*(a(z)))}{S^*(a(z))W^*(a(z))-z^{m_{定编}}}\times\frac{(m_{定编}-\tau)\sum_{n=0}^{m_{定编}-1}z^n\psi_n}{m_{定编}\sum_{n=0}^{m_{定编}-1}\psi_n} \tag{4.35}$$

在稳态条件下，任意时刻编发系统内的货车数分布的母函数为

$$\varpi(z)=Q(z)+G(z)+P(z)$$

$$= \frac{S^*(a(z))(1-z^{m_{定编}})}{S^*(a(z))W^*(a(z))-z^{m_{定编}}}\times\frac{(m_{定编}-\tau)\sum_{n=0}^{m_{定编}-1}z^n\psi_n}{m_{定编}\sum_{n=0}^{m_{定编}-1}\psi_n} \tag{4.36}$$

其中，$\tau=\lambda_0 E(X)(E(S)+E(W))$。

推论：令 L 表示在稳态下任意时刻系统内平均货车数量，则

$$L=\left.\frac{\mathrm{d}\varpi(z)}{\mathrm{d}z}\right|_{z=1}$$

$$=\frac{\sum_{i=1}^{m_{定编}-1} i\psi_i}{\sum_{i=0}^{m_{定编}-1}\psi_i}+\lambda_0 E(X)E(S)+\lambda_0 E(X(X-1))(E(S)+E(W))/[2(m_{定编}-\tau)]+[\lambda_0^2(E(X))^2(E(S^2)+E(W^2)+2E(S)E(W))+\tau-\tau m_{定编}]/[2(m_{定编}-\tau)] \tag{4.37}$$

因此货车在集编系统内的平均停留时间为

$$T_{集编}^{定编}=L/\lambda_0 E(X)$$

$$=\frac{\sum_{i=1}^{m_{定编}-1} i\psi_i}{\lambda_0 E(X)\sum_{i=0}^{m_{定编}-1}\psi_i}+E(S)+\lambda_0 E(X(X-1))(E(S)+E(W))/[2\lambda_0 E(X)(m_{定编}-\tau)]+[\lambda_0^2(E(X))^2(E(S^2)+E(W^2)+2E(S)E(W))+\tau-\tau m_{定编}]/[2\lambda_0 E(X)(m_{定编}-\tau)] \tag{4.38}$$

式中 $E(S)$——平均编组作业时间，min；

$E(W)$——平均集结时间，min。

令 $\rho_{bi}=\tau/m_{定编}$，代入式(4.38)，得到

$$
\begin{aligned}
T_{集编}^{定编} &= L/\lambda_0 E(X) \\
&= \frac{\sum_{i=1}^{m_{定编}-1} i\psi_i}{\lambda_0 E(X)\sum_{i=0}^{m_{定编}-1}\psi_i} + E(S) + \frac{\lambda_0 E(X(X-1))(E(S)+E(W))}{2\lambda_0 E(X) m_{定编}(1-\rho_{bi})} + \\
&\quad \frac{\lambda_0^2 (E(X))^2 (E(S^2)+E(W^2)+2E(S)E(W)) + \rho_{bi} m_{定编} - \rho_{bi} m_{定编}^2}{2\lambda_0 E(X) m_{定编}(1-\rho_{bi})}
\end{aligned}
\tag{4.39}
$$

式中 ρ_{bi}——定编集结开行列车使用系数($\rho_{bi} = n_{i1}/n_{i图}$),即定编集结一昼夜平均出发列车数与图定出发列车数的比值。

4.3 货车在集编系统内采用定时集结模式的排队模型

4.3.1 货车采用定时集结在集编系统的作业描述

货车采用定时集结需按照图定时间发车,货车在集结、编组出发系统内的作业过程是一个倒推过程,集、编、发实际上已成为一个整体。从理论上讲,当列车的出发时间确定时,集结、编组过程的结束时间(或开始时间)应当是明确的。即对应每一条运行线,会设定一个最晚编组时刻,所以从编组作业开始到发车完毕的一段时间视为相对固定的时间,这样才能保证按图发车。

在定时集结模式下,列车严格按照图定时间发车,且必须执行编组计划中车流径路和编组要求:

(1)当集结结束时,用 Y 表示编组线上的货车数,若 $Y > m_{定编}$,则只能开行 $m_{定编}$ 辆货车,超出的货车 $Y - m_{定编}$ 将进入下一集结期间继续集结。

(2)当集结结束时,编组线上的货车数满足 $0 < Y \leqslant m_{定编}$,则所有货车全部出发。

定时集结模式下出发列车的编成辆数为$[0,m_{定编}]$内的随机数，本文将货车采用定时集结在集编系统的排队过程描述为最多服务$m_{定编}$辆货车，最少服务0辆货车的批量到达、批量服务的$M/G/1$排队系统。系统服务率（即单位时间编组作业次数）由图定发车时间决定。货车在集编系统内采用定时集结的排队过程如图4.4所示。

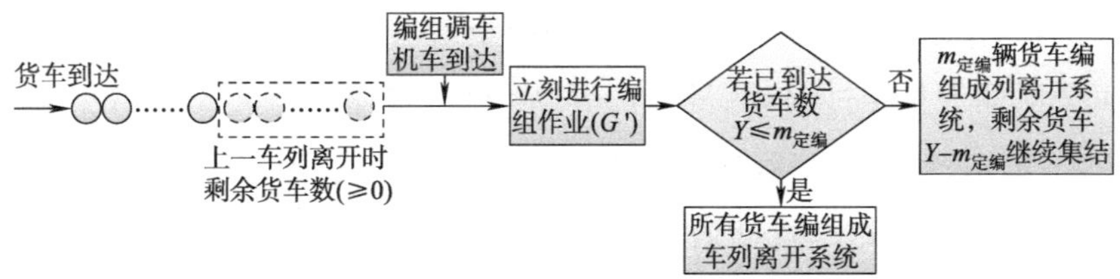

图4.4 货车在集编系统内采用定时集结的排队过程

4.3.2 定时集结模式集编排队系统构成要素

（1）输入过程：去向$i(i=1,2,\cdots)$的集结车流服从复合齐次泊松分布，即车组（批量）到达服从参数为λ_0的泊松分布，同一时刻到达货车数（批量大小）为一正整数随机变量X，其分布为$P(X=i)=a_i(i=1,2,\cdots)$，且各批到达货车数相互独立。

（2）服务机构：编组调车机车。

（3）排队规则：先到先服务。

（4）编组服务过程G'：郑时德[44]得到编组站各系统的作业时间统计分布规律通常符合负指数分布、爱尔朗分布、二阶混合爱尔朗分布、组合爱尔朗分布、超指数分布或正态分布，特殊情况下也可能服从其他分布规律。为使所建模型满足上述情况，令G'服从一般（任意）分布，其分布函数、密度函数和失效率函数分别为$S'(x)$，$s'(x)$，$\mu'(x)$，其中$\mu'(x)=s'(x)/(1-S'(x))$。G'有有限的一阶矩和二阶矩。为了保证列车按时发车，本书将编组时间设为定长分布，因此将计算结果中编组时间方差取0,则可以得到编组时间为定长分布的计算结果。

(5)不同去向车流采用定时集结的列车发车时刻是已知的。同理,设列车规定发车时间为 $t_{j时}$,为使车列严格按照规定时间发车,则车列正点离开集编系统的时刻为 $t'_{j时}$(且满足 $t_{j时}-t'_{j时}=t_{出发}$),编组机车按时到达系统的时刻为 $t'_b=t'_{j时}-S'_j$(S'_j为第 j 列车列的编组作业时间)。

(6)上一辆车列正点离开集编系统至下一辆编组机车到达系统的间隔时间为集结过程 Q',陆凤山等[11]统计400辆列车的有关数据,得出列车出发间隔时间服从简单流或二阶爱尔朗流,为使所建模型适用范围较广,设集结时间 Q'服从一般(任意)分布,其分布函数、密度函数和失效率函数分别为 $W'(y)$,$w'(y)$,$\delta'(y)$,其中 $\delta'(y)=w'(y)/(1-W'(y))$。$W'$有有限的一阶矩和二阶矩。

(7)在安排发车时,不考虑机务能力的限制。

(8)上述各随机变量相互独立。

4.3.3 货车采用定时集结在集编系统的作业描述

令 $\phi'(t)$为系统在时刻 t 所处的状态,即

$$\phi'(t)=\begin{cases}1, & \text{调车机车编组过程}\\2, & \text{货车集结过程}\end{cases}$$

设 $N'(t)$为时刻 t 集结的总货车数(包括正在进行编组作业的货车);此处引入补充变量 $D'(t)$和 $Y'(t)$,其中,$D'(t)$表示当系统状态 $\phi'(t)=1$ 时,时刻 t 正在编组的车列已逝去的编组作业时间;$Y'(t)$表示当系统状态 $\phi'(t)=2$ 时,时刻 t 正在集结的车列已逝去的集结作业时间。$[\phi'(t),N'(t),D'(t),Y'(t)]$为集编系统的向量马氏过程。

集编系统在时刻 t 的状态概率如下:

$$Q'_m(y,t)\mathrm{d}y=P_r\{\phi'(t)=2,N'(t)=m,y<Y'(t)\leqslant y+\mathrm{d}y\},t>0,y>0,m\geqslant 0$$

$Q'_m(y,t)\mathrm{d}y$ 表示在时刻 t 货车正在进行集结过程,已集结的货车数

为 m 满足 $m \geqslant 0$,已逝去的集结时间为 $Y'(t)$;

$$G'_m(x,t)\mathrm{d}x = P_r\{\phi'(t)=1, N'(t)=m, x < D'(t) \leqslant x+\mathrm{d}x\}, t>0, x>0, m \geqslant 0$$

$G'_m(x,t)\mathrm{d}x$ 表示时刻 t 货车在进行编组作业过程,已集结货车数为 m 满足 $m \geqslant 0$,已逝去的编组作业时间为 $D'(t)$。

由于车流到达服从泊松分布,由 Burke 定理[45]知,系统稳态存在的充分必要条件为 $\lambda_0 E(X)(E(S')+E(W')) < m_{定编}$。系统的状态转移如图 4.5 所示。

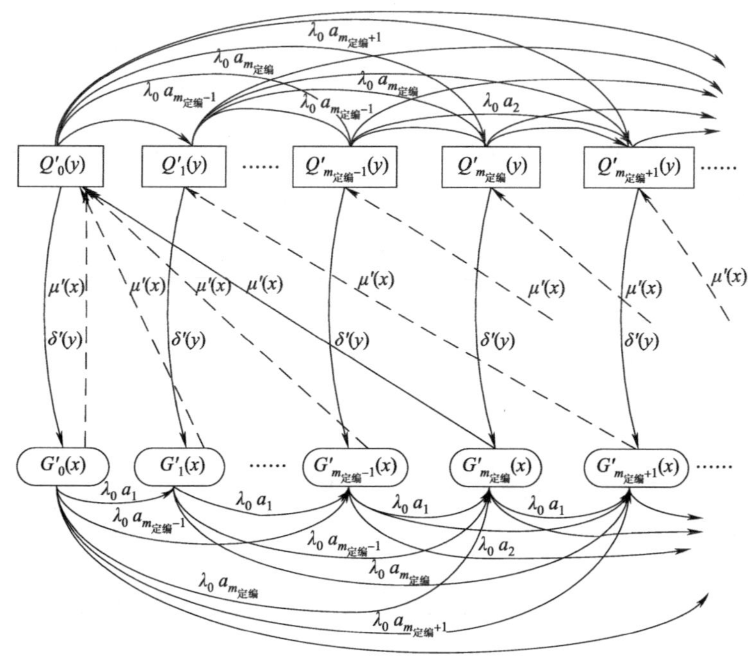

图 4.5 定时集结系统状态转移图

注:⬭—编组状态;▭—集结状态

建立定编集结模式的排队模型,具体如下:

(1)若从时刻 t 经过 Δt 后,系统状态为 $\phi'(t)=1$(编组作业过程),

货车数为 $N'(t+\Delta t)=0$,已编组时间为 $x+\Delta t$。则在时刻 t 有:系统状态为 $\phi'(t)=1$,货车数为 $N'(t)=0$,已编组作业时间为 x,且在 $(t,t+\Delta t]$ 内既没有货车到达,也不出现编组作业结束,因此得

$$G_0'(t+\Delta t,x+\Delta t)=G_0'(t,x)\left[1-(\lambda_0+\mu(x))\Delta t\right]+o(\Delta t) \tag{4.40}$$

整理得

$$\lim_{\Delta t\to 0}\frac{G_0'(t+\Delta t,x+\Delta t)-G_0{}'(t,x)}{\Delta t}=\frac{-G_0'(t,x)\times(\lambda_0+\mu'(x))\Delta t}{\Delta t}+o(\Delta t)$$

$$\frac{\mathrm{d}G_0'(t,x)}{\mathrm{d}x}+(\lambda_0+\mu'(x))G_0'(t,x)=0$$

(2)若从时刻 t 经过 Δt 后,系统状态为 $\phi'(t)=1$,货车数为 $N'(t+\Delta t)=m(m>0)$,已编组时间为 $x+\Delta t$。则在时刻 t 有:系统状态为 $\phi'(t)=1$,已编组时间为 x,若货车数为 $N'(t)=m(m>0)$,在 $(t,t+\Delta t]$ 内既没有货车到达,也不出现编组作业结束;若 $N'(t)=m-1,\cdots,0$,在 $(t,t+\Delta t]$ 内到达 $1,\cdots,m$ 辆货车,因此得

$$G'_m(t+\Delta t,x+\Delta t)=G'_m(t,x)\left[1-(\lambda_0+\mu'(x))\Delta t\right]+\sum_{i=1}^{m}\lambda_0 a_i G'_{m-i}(t,x)\Delta x+o(\Delta t) \tag{4.41}$$

整理得

$$\lim_{\Delta t\to 0}\frac{G'_m(t+\Delta t,x+\Delta t)-G'_m(t,x)}{\Delta t}=\frac{-G'_m(t,x)\times(\lambda_0+\mu'(x))\Delta t}{\Delta t}+\frac{\sum_{i=1}^{m}\lambda_0 a_i G'_{m-i}(t,x)}{\Delta t}+o(\Delta t)$$

$$\frac{\mathrm{d}G'_m(t,x)}{\mathrm{d}x}+(\lambda_0+\mu'(x))G'_m(t,x)=\lambda_0\sum_{i=1}^{m}a_i G'_{m-i}(t,x)$$

(3)若从时刻 t 经过 Δt 后,系统状态为 $\phi'(t)=2$,已集结时间为

$y+\Delta t$，货车数为 $N'(t+\Delta t)=0$。则在时刻 t 有：系统状态为 $\phi'(t)=2$，货车数为 $N'(t)=0$，已集结时间为 y，且在 $(t,t+\Delta t]$ 内既没有货车到达，也不出现集结作业结束，因此得

$$Q_0'(t+\Delta t,y+\Delta t)=Q_0'(t,y)(1-(\lambda_0+\delta'(y))\Delta t)+o(\Delta t) \tag{4.42}$$

整理得

$$\lim_{\Delta t\to 0}\frac{Q_0'(t+\Delta t,y+\Delta t)-Q_0'(t,y)}{\Delta t}=\frac{-Q_0'(t,y)\times(\lambda_0+\delta'(y))\Delta t}{\Delta t}+o(\Delta t)$$

$$\frac{\mathrm{d}Q_0'(t,y)}{\mathrm{d}y}+(\lambda_0+\delta'(y))Q_0'(t,y)=0$$

（4）若从时刻 t 经过 Δt 后，系统状态为 $\phi'(t)=2$，已集结时间为 $y+\Delta t$，货车数为 $N'(t+\Delta t)=m(m>0)$。则在时刻 t 有：系统状态为 $\phi'(t)=2$，已集结时间为 y，若货车数为 $N'(t)=m(m>0)$，则在 $(t,t+\Delta t]$ 内既没有货车到达，也不出现集结作业结束；若货车数 $N'(t)=m-1,\cdots,0$，则在 $(t,t+\Delta t]$ 内到达 $1,\cdots,m$ 辆货车，因此得

$$Q'_m(t+\Delta t,y+\Delta t)=Q'_m(t,y)[1-(\lambda_0+\delta'(y))\Delta t]+\sum_{i=1}^{m}\lambda_0 a_i Q'_{m-i}(t,y)\Delta t+o(\Delta t) \tag{4.43}$$

整理得

$$\lim_{\Delta t\to 0}\frac{Q'_m(t+\Delta t,y+\Delta t)-Q'_m(t,y)}{\Delta t}=\frac{-Q'_m(t,y)\times(\lambda_0+\delta'(y))\Delta t}{\Delta t}+\frac{\sum_{i=1}^{m}\lambda_0 a_i Q'_{m-i}(t,y)}{\Delta t}+o(\Delta t)$$

$$\frac{\mathrm{d}Q'_m(t,y)}{\mathrm{d}y}+(\lambda_0+\delta'(y))Q'_m(t,y)=\lambda_0\sum_{i=1}^{m}a_i Q'_{m-i}(t,y)$$

（5）若从时刻 t 经过 Δt 后，系统状态转为 $\phi'(t)=1$（编组过程），且

编组作业还未开始($x=0$),货车数为$N'(t+\Delta t)=m(m\geqslant 0)$。则在时刻$t$有:系统状态为$\phi'(t)=2$,已集结时间为$y$,货车数为$N'(t)=m(m\geqslant 0)$,且在$(t,t+\Delta t]$内,系统状态由集结状态($\phi'(t)=2$)转移至编组状态($\phi'(t)=1$),因此有

$$G'_m(t+\Delta t,0)=\int_0^{\infty}Q'_m(t,y)\delta'(y)\Delta t\mathrm{d}y+o(\Delta t) \tag{4.44}$$

整理得

$$G'_m(t,0)=\int_0^{\infty}Q'_m(t,y)\delta'(y)\mathrm{d}y$$

(6)若从时刻t经过Δt后,系统状态转为$\phi'(t)=2$(集结过程),且集结过程还没开始($y=0$),货车数为$N'(t+\Delta t)=0$。则在时刻t有:系统状态为$\phi'(t)=1$,已编组时间为x,货车数$N'(t)=j(j\in[0,m_{定编}-1])$,且在$(t,t+\Delta t]$内系统状态由编组作业状态($\phi'(t)=1$)转移至集结状态($\phi'(t)=2$),因此有

$$Q'_0(t+\Delta t,0)=\sum_{j=0}^{m_{定编}-1}\int_0^{\infty}G'_j(t,x)\mu'(x)\Delta t\mathrm{d}x+o(\Delta t) \tag{4.45}$$

整理得

$$Q'_0(t,0)=\sum_{j=0}^{m_{定编}-1}\int_0^{\infty}G'_j(t,x)\mu'(x)\mathrm{d}x$$

(7)若从时刻t经过Δt后,系统状态转为$\phi'(t)=2$(集结过程),且集结过程还没开始($y=0$),货车数为$N'(t+\Delta t)=m(m\geqslant 0)$。则在时刻$t$有:系统状态为$\phi'(t)=1$,已编组时间为$x$,货车数满足$N'(t)=m+m_{定编}$,且在$(t,t+\Delta t]$内系统状态由编组作业状态($\phi'(t)=1$)转移至集结状态($\phi'(t)=2$),因此有

$$Q'_m(t+\Delta t,0)=\int_0^{\infty}G'_{m+m_{定编}}(t,x)\mu'(x)\Delta t\mathrm{d}x+o(\Delta t) \tag{4.46}$$

整理得

$$Q'_m(t,0)=\int_0^{\infty}G'_{m+m_{定编}}(t,x)\mu'(x)\mathrm{d}x$$

由于稳态条件下，瞬时概率的极限概率如下：

$$G'_m(x)=\lim_{t\to\infty}G'_m(x,t);Q'_m(y)=\lim_{t\to\infty}Q'_m(y,t)$$

依据式(4.40)～式(4.46)和稳态条件下的极限概率，得到系统稳态微积分方程组为

$$\frac{\mathrm{d}G'_0(x)}{\mathrm{d}x}+(\lambda_0+\mu'(x))G'_0(x)=0, \tag{4.47}$$

$$\frac{\mathrm{d}G'_m(x)}{\mathrm{d}x}+(\lambda_0+\mu'(x))G'_m(x)=\lambda_0\sum_{i=1}^{m}a_iG'_{m-i}(x),m>0 \tag{4.48}$$

$$\frac{\mathrm{d}Q'_0(y)}{\mathrm{d}y}+(\lambda_0+\delta'(y))Q'_0(y)=0, \tag{4.49}$$

$$\frac{\mathrm{d}Q'_m(y)}{\mathrm{d}y}+(\lambda_0+\delta'(y))Q'_m(y)=\lambda_0\sum_{i=1}^{m}a_iQ'_{m-i}(y),m>0 \tag{4.50}$$

$$G'_m(0)=\int_0^\infty Q'_m(y)\delta'(y)\mathrm{d}y,m\geqslant 0 \tag{4.51}$$

$$Q'_0(0)=\sum_{j=0}^{m_{定编}-1}\int_0^\infty G'_j(x)\mu'(x)\mathrm{d}x \tag{4.52}$$

$$Q'_m(0)=\int_0^\infty G'_{m+m_{定编}}(x)\mu'(x)\mathrm{d}x,m\geqslant 0 \tag{4.53}$$

初始条件：

$$\sum_{m=0}^{\infty}\int_0^\infty G'_m(x)\mathrm{d}x+\sum_{m=0}^{\infty}\int_0^\infty Q'_m(y)\mathrm{d}y=1 \tag{4.54}$$

为求解上述微分方程组，引入母函数转换如下：

$$X(z)=\sum_{i=1}^{\infty}a_iz^i,G'(x,z)=\sum_{m=m_{定编}}^{\infty}G'_m(x)z^m,|z|\leqslant 1$$

$$Q'(y,z)=\sum_{m=0}^{\infty}Q'_m(y)z^m,|z|\leqslant 1$$

将式(4.48)、式(4.50)分别作母函数变化，可得

$$\frac{\mathrm{d}G'(x,z)}{\mathrm{d}x}+(\mu'(x)+\lambda_0-\lambda_0X(z))G'(x,z)=0 \tag{4.55}$$

$$\frac{\mathrm{d}Q'(y,z)}{\mathrm{d}y}+(\delta'(y)+\lambda_0-\lambda_0X(z))Q'(y,z)=0 \tag{4.56}$$

由式(4.47)~式(4.50)解得

$$G'(x,z)=G'(0,z)(1-S'(x))\mathrm{e}^{-a(z)x} \tag{4.57}$$

$$Q'(y,z)=Q'(0,z)(1-W'(y))\mathrm{e}^{-a(z)y} \tag{4.58}$$

其中，$a(z)=\lambda_0(1-X(z))$。

将式(4.51)作母函数变换，并将所有 n 值取和得到

$$\begin{aligned}G'(0,z)&=\int_0^{\infty}Q'(y,z)\delta'(y)\mathrm{d}y\\&=Q'(0,z)W^{*\prime}(a(z))\end{aligned} \tag{4.59}$$

由式(4.52)和式(4.53)可得

$$\begin{aligned}Q'(0,z)&=\sum_{m=0}^{\infty}Q'_m(0)\times z^m\\&=Q'_0(0)+\sum_{m=1}^{\infty}Q'_m(0)\times z^m\\&=\frac{\sum\limits_{j=0}^{m_{定编}}(z^{m_{定编}}-z^j)\int_0^{\infty}G'_j(x)\mu'(x)\mathrm{d}x+G'(0,z)S^{*\prime}(a(z))}{z^{m_{定编}}}\end{aligned} \tag{4.60}$$

由式(4.59)和式(4.60)可得

$$Q'(0,z)=\frac{\sum\limits_{j=0}^{m_{定编}}(z^{m_{定编}}-z^j)\int_0^{\infty}G'_j(x)\mu'(x)\mathrm{d}x}{z^{m_{定编}}-W^{*\prime}(a(z))S^{*\prime}(a(z))} \tag{4.61}$$

由式(4.61)和式(4.59)可得

$$G'(0,z)=\frac{W^{*\prime}(a(z))\times\sum_{j=0}^{m_{定编}}(z^{m_{定编}}-z^{j})\int_{0}^{\infty}G'_{j}(x)\mu'(x)\mathrm{d}x}{z^{m_{定编}}-W^{*\prime}(a(z))S^{*\prime}(a(z))}\tag{4.62}$$

在稳态条件下，任意时刻集编系统内的货车数分布的母函数

$$\begin{aligned}\varpi'(z)&=Q'(z)+G'(z)\\&=\frac{W^{*\prime}(a(z))\sum_{j=0}^{m_{定编}}(z^{m_{定编}}-z^{j})\int_{0}^{\infty}G'_{j}(x)\mu'(x)\mathrm{d}x}{z^{m_{定编}}-W^{*\prime}(a(z))S^{*\prime}(a(z))}\times\\&\quad\frac{1-S^{*\prime}(a(z))}{a(z)}+\frac{\sum_{j=0}^{m_{定编}}(z^{m_{定编}}-z^{j})\int_{0}^{\infty}G'_{j}(x)\mu'(x)\mathrm{d}x}{z^{m_{定编}}-W^{*\prime}(a(z))S^{*\prime}(a(z))}\times\\&\quad\frac{1-W^{*\prime}(a(z))}{a(z)}\end{aligned}\tag{4.63}$$

由归一化条件式(4.54)得到(即$\varpi'(1)=1$)：

$$\sum_{j=0}^{m_{定编}}(m_{定编}-j)\int_{0}^{\infty}G'_{j}(x)\mu'(x)\mathrm{d}x=\frac{(m_{定编}-m_{定时})\lambda_{0}E(X)}{m_{定时}}\tag{4.64}$$

式中　$m_{定时}$——定时集结出发列车平均编成车辆数，且满足

$$m_{定时}=\lambda_{0}E(X)(E(S')+E(W'))<m_{定编}$$

推论：令 L'表示在稳态下任意时刻系统内平均货车数量，则

$$\begin{aligned}L'&=\left.\frac{\mathrm{d}\varpi'(z)}{\mathrm{d}z}\right|_{z=1}\\&=\frac{m_{定时}\sum_{j=1}^{m_{定编}}[m_{定编}(m_{定编}-1)-j(j-1)]w_{j}}{2\lambda_{0}E(X)(m_{定编}-m_{定时})}+\frac{m_{定编}\sum_{j=0}^{m_{定编}}(m_{定编}-j)w_{j}}{2(m_{定编}-m_{定时})}\times\\&\quad\frac{\lambda_{0}(E(X))^{2}(E(S'^{2})+E(W'^{2})+2E(S')E(W'))+E(X^{2})(E(S')+E(W'))}{m_{定编}E(X)}+\end{aligned}$$

$$\frac{\lambda_0^2(E(X))^2(E(S'^2)+E(W'^2)+2E(S')E(W'))+\lambda_0 E(X^2)(E(S')+E(W'))-m_{定编}(m_{定编}-1)}{2(m_{定编}-m_{定时})}-\frac{E(X^2)}{2E(X)} \tag{4.65}$$

因此货车在集编系统内的平均停留时间为

$$\begin{aligned} T_{集编}^{定时} &= L'/\lambda_0 E(X) \\ &= \frac{m_{定时}\sum_{j=1}^{m_{定编}}[m_{定编}(m_{定编}-1)-j(j-1)]w_j}{2\lambda_0^2 E(X)^2(m_{定编}-m_{定时})}+ \\ &\quad \frac{m_{定编}\sum_{j=0}^{m_{定编}}(m_{定编}-j)w_j}{2\lambda_0 E(X)(m_{定编}-m_{定时})}\times \\ &\quad \frac{\lambda_0(E(X))^2(E(S'^2)+E(W'^2)+2E(S')E(W'))+E(X^2)(E(S')+E(W'))}{\lambda_0(E(X))^2 m_{定编}}+ \\ &\quad \frac{\lambda_0^2(E(X))^2(E(S'^2)+E(W'^2)+2E(S')E(W'))+\lambda_0 E(X^2)(E(S')+E(W'))-m_{定编}(m_{定编}-1)}{2\lambda_0 E(X)(m_{定编}-m_{定时})}- \\ &\quad \frac{E(X^2)}{2\lambda_0(E(X))^2} \end{aligned} \tag{4.66}$$

其中，$w_j=\int_0^{\infty}G'_j(x)\mu'(x)\mathrm{d}x$。

(1)在稳态下，编组作业结束时，已编组货车数为 j 的概率为 ζ_j，则有

$$\zeta_j = H\int_0^{\infty}G'_j(x)\mu'(x)\mathrm{d}x \tag{4.67}$$

其中，H 为归一化常数。由式(4.67)得到编组结束时，已编组货车数量分布的母函数为

$$\Xi(z) = \sum_{j=0}^{\infty} H \int_{j=0}^{\infty} z^j G'_j(x)\mu'(x)\mathrm{d}x$$

$$= H \frac{W^{*\prime}(a(z)) \times \sum_{j=0}^{m_{定编}} (z^{m_{定编}} - z^j) w_j}{z^{m_{定编}} - W^{*\prime}(a(z)) S^{*\prime}(a(z))} \times S^{*\prime}(a(z)) \qquad (4.68)$$

应用归一化条件 $\Xi(1) = 1$ 求得

$$H = (m_{定编} - m_{定时}) \Big/ \left[\sum_{j=0}^{m_{定编}} (m_{定编} - j) w_j \right] \qquad (4.69)$$

式中　$m_{定时}$——定时集结出发列车平均车辆数，辆。

将式(4.69)代入式(4.68)得到编组作业结束时，货车数为 j 的概率为

$$\zeta_j = (m_{定编} - m_{定时}) w_j \Big/ \left[\sum_{j=0}^{m_{定编}} (m_{定编} - j) w_j \right] \qquad (4.70)$$

(2)集结作业结束时，欠轴车列[即编组作业结束时，货车数为 0 ~ $(m_{定编} - 1)$ 辆]的概率(简称“欠轴率”)为

$$p_{欠} = \sum_{j=0}^{m_{定编}-1} \zeta_j$$

$$= (m_{定编} - m_{定时}) \sum_{j=0}^{m_{定编}-1} w_j \Big/ \left[\sum_{j=0}^{m_{定编}} (m_{定编} - j) w_j \right] \qquad (4.71)$$

其中，$w_j = \int_0^{\infty} G'_j(x)\mu'(x)\mathrm{d}x$。

欠轴车列的平均货车数为

$$m_p = \sum_{j=0}^{m_{定编}-1} j\zeta_j$$

$$= jp_{欠} \qquad (4.72)$$

4.3.4　欠轴车数和加开列车数的计算方法

计算定时集结相比定编集结加开列车数的前提是，定时和定编集结每天出发列车数相等(具体分析见 4.1.2)。由于定时集结按时发

车,有可能产生欠轴车数,从而无法完成车流运输任务,因此需要加开列车。当一昼夜定时集结和定编集结平均出发列车数相同为 n_{i1},其中欠轴列车数为 $n_{i欠}$,则有

$$n_{i1} = N_i / m_{定编}$$

$$n_{i欠} = N_i p_{欠} / m_{定编} \tag{4.73}$$

依据式(4.72)可知,欠轴车列的平均欠轴货车数(简称"欠轴车数")为

$$\begin{aligned} m_q &= m_{定编} - m_p \\ &= m_{定编} - (m_{定编} - m_{定时})\left(\sum_{j=0}^{m_{定编}-1} j w_j\right) \Big/ \left[\sum_{j=0}^{m_{定编}} (m_{定编} - j) w_j\right] \end{aligned} \tag{4.74}$$

日欠轴车数为

$$m_{总q} = m_q n_{i欠} = N_i p_{欠}\ m_q / m_{定编} \tag{4.75}$$

加开列车前,定时集结出发列车的平均编成辆数为

$$m_{定时} = \left[(m_{定编} - m_q) n_{i1} p_{欠} + m_{定编} n_{i1} (1 - p_{欠}) \right] / n_{i1} \tag{4.76}$$

因此定时集结相比定编集结加开列车数的计算值为

$$n_{i差} = \frac{m_{总q}}{m_{定时}} = \frac{N_i}{m_{定编} m_{定时}} p_{欠}\ m_q \tag{4.77}$$

式中 N_i——去向 i 一昼夜出发车辆数,辆;

$m_{定编}$——满轴车辆数,辆;

$m_{定时}$——加开列车前,定时集结出发列车平均车辆数,辆;

$p_{欠}$——集结结束时,未满轴车列的概率;

m_q——欠轴列车的平均车辆数,辆;

$m_{总q}$——日欠轴车数,辆。

当定时和定编集结每天出发列车数相等时,为了满足定时集结排队系统稳态条件(即定时集结一昼夜平均开行列车数大于 $N_i/m_{定编}$),并且对欠轴概率和平均欠轴车数影响较小,因此在计算时取定时集结开

行列车数略大于 $N_i/m_{定编}$，从而得到欠轴概率和欠轴车数的近似值。

由于定时集结实际加开列车为 $n'_{i差}=n_{i图}-n_{i1}$［当 n_{i1} 小数部分与加开列车数计算值之和在 0～1 列之间（包括 1 列）］，或 $n'_{i差}=\lfloor n_{i1}\rfloor+2-n_{i1}$［当 n_{i1} 小数部分与加开列车数计算值之和在 1～2 列之间（不包括 1 列）］。因此计算得到的欠轴率和欠轴车数的近似值对加开列车数的影响较小（数量级为 10^{-2}），可以忽略。

4.3.5 车流在集编系统的平均停留时间

在编组场内到达车流为集结结束车列。当编组场和出发场纵列式排列时有两种形式：一种是纵列二级场，编组与出发合为一体的编发场；另一种是纵列三级场，编组场和出发场独立设置。在纵列二级场的编组作业有连挂车组、试牵引、对位作业；纵列三级场编组作业中，除完成二级场的作业外，还有车列转出发场和单机返回编组场的作业，调车车程比二级纵列式多一个重程和一个空程。在编组场和出发场横列式排列时，编组作业比纵列三级场多了一个车列推送至出发线的作业。调车行程为两个重程一个空程。

在编组场尾部通常有几条牵出线，每条牵出线连接几条调车线，按照调车机车分工的方法，编组系统可能是几个平行分布的单通道系统（调车机车固定区域作业时），或是不能完全自由出入的多通道系统（调车机车不固定区域作业时）[4]。每条牵出线由一台机车服务，由两台及其以上机车工作的可能性很小。

由于定时集结列车编成辆数减少，必然导致编组列车数增多，从而增加担当编组作业任务的调车机车的负荷。本书以编组场与出发场纵向排列情况为研究目标。当编组系统分别为单通道系统或多通道系统时，编组一个车列占用调车机车的时间是相等的。本书将分别考虑纵列二级场和纵列三级场两种情况下，编组车列占用调车机车的时间[4]。

(1)纵列二级场[4],编组作业为连挂车组、试牵引、对位作业,因此编组一个车列占用调车机车的时间为

$$t_{编占} = t_{编组} = t_{连挂} + t_{其他}$$

式中 $t_{编占}$——编组一个车列占用调车机车的时间,min;

$t_{编组}$——编组一个车列的时间,min;

$t_{连挂}$——调车机车连挂车列的时间,min;

$t_{其他}$——包括试牵引、对位等作业时间,min。

(2)纵列三级场[4],编组作业为连挂车组、转场和以编组场和单机返回编组场的作业,因此编组一个车列占用调车机车的时间为 $t_{编占}$,有

$$t_{编占} = t_{编组} = t_{连挂} + t_{转} + t_{返} \tag{4.78}$$

式中 $t_{转}$——调车机车转线或转场时间,min;

$t_{返}$——调车机车从出发场返回编组场的时间,min。

在编发系统内,定时集结相比定编集结多消耗的编组调车机车时间为:

$$\Delta t_{调机小时}^{编发} = n'_{i差} \times t_{编占} \tag{4.79}$$

式中 $\Delta t_{调机小时}^{编发}$——编发系统内定时集结相比定编集结多消耗的调车机车时间,min;

$n'_{i差}$——定时集结相比定编集结实际加开列车数,列。

本书选取某编组站 4 个去向 30 d 的集结车流为研究对象,相关参数值如下:

(1)去向 1—4 的车组到达间隔时间服从负指数分布,车组大小服从几何分布,具体见表 4.1。

(2)由 4.1.1 分析可知,本文将两种集结模式的编组作业时间设为定长分布,因此编组时间方差 $\sigma_S^2 = \sigma_S'^2 = 0$,因此编组作业时间二阶矩 $E(S^2) = (E(S))^2$,取编组作业时间 $E(S) = E(S') = 20$ min[27],满轴编成辆数 $m_{定编} = 50$ 辆。

(3)不同去向图定出发列车的间隔时间服从 k 阶爱尔朗分布，集结时间二阶矩为 $E(W^2)=(E(W))^2+(E(W))^2/k$。

将去向 1—4 的车流相关参数代入式(4.39)和式(4.66)，分别得到定时和定编集结货车平均停留时间，见表 4.1。

表 4.1　车流的相关参数及求解结果

去向 i	N_i (辆)	n_{i1} (列)	$n_{i图}$ (列)	ρ_{bi}	$n_{i差}$ (列)	$n'_{i差}$ (列)	n_{i2} (列)	$m_{定时}$ (辆)	Δt_1 (min)	$T_{集编}^{定编}$ (min)	$T_{集编}^{定时}$ (min)
1	105	2.10	3	0.70	0.08	0.90	3	35.00	143.47	314.88	171.41
2	213	4.26	5	0.85	0.25	0.74	5	42.60	54.48	444.04	389.56
3	308	6.16	7	0.88	0.46	0.84	7	44.00	28.28	496.56	468.28
4	322	6.44	7	0.92	0.53	0.56	7	46.00	5.43	755.51	750.08

注：$n_{i差}$ 和 $n'_{i差}$ 分别为定时集结加开列车数的计算值和实际值；$m_{定时}$ 为加开列车后定时集结出发列车平均编成辆数。

在集编系统内，不同去向车流采用定编、定时集结的平均停留时间，如图 4.6 所示；定时集结相比定编集结节省货车平均停留时间 Δt_1，如图 4.7 所示。由表 4.1、图 4.6 和图 4.7 得到：

(1)从图 4.6 看出在集编系统内，定编和定时集结货车平均停留时间随车流量的增大而逐渐增大。

(2)从表 4.1 看出，定时集结加开列车数的计算值随车流量的增大而增大。

(3)从图 4.7 可知，定时集结相比定编集结节省货车平均停留时间 Δt_1 随车流量的增大而逐渐减小；当车流量较大时，Δt_1 较小，表示定时集结模式有利性较弱；相反当车流量较小时，Δt_1 较大，表示定时集结模式有利性较强。

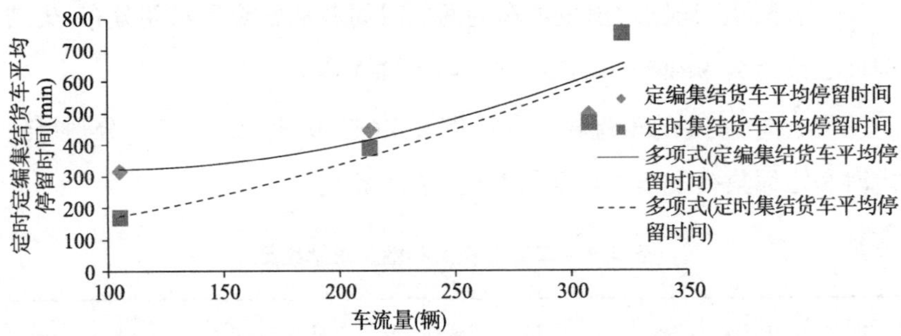

图 4.6　不同去向车流采用两种集结模式的平均停留时间

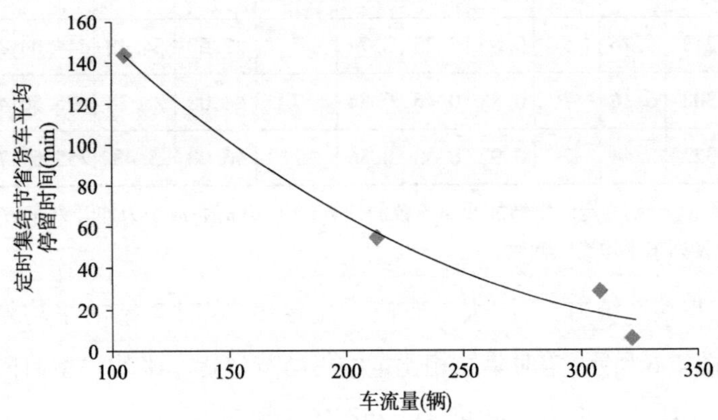

图 4.7　不同去向定时集结相比定编集结节省货车平均停留时间

4.3.6　车流量和定编集结开行列车使用系数对集编系统内货车平均停留时间的影响

为研究集编系统内不同车流量和定编集结开行列车使用系数对定时集结节省货车平均停留时间以及实际加开列车数的影响，本书将开行列车使用系数设为定值（取 ρ_{bi} 为 0.86～0.92），应用 Matlab 随机生成 4 组集结车流数据，使得车组到达间隔时间分布和平均到达率，以及列车发车间隔时间分布分别与去向 3—4 相同，车组平均大小随车流量同比例变化。相关参数值见表4.2～表4.5。定时集结相比定编集结节省货车平均时间随车流量、定编集结开行列车使用系数的变化趋势如图4.8和图4.9所示。

表4.2　不同车流辆的相关参数及求解结果($\rho_{bi}=0.86$)

N_i (辆)	$n_{i图}$ (列)	n_{i1} (列)	n_{i2} (列)	$n_{i差}$ (列)	$n'_{i差}$ (列)	$T^{定编}_{集编}$ (min)	$m_{i定时}$ (辆)	$T^{定时}_{集编}$ (min)	Δt_1 (min)
86	2	1.72	2	0.07	0.28	711.66	43	597.05	114.61
129	3	2.58	3	0.14	0.42	577.14	43	496.81	80.33
172	4	3.44	4	0.20	0.56	509.94	43	448.77	61.17
215	5	4.30	5	0.30	0.70	469.68	43	420.01	49.67
258	6	5.16	6	0.47	0.84	442.88	43	400.89	41.99

注：$n_{i差}$和$n'_{i差}$分别为定时集结加开列车数的计算值和实际值；$m_{定时}$为加开后定时集结出发列车平均编成辆数。

表4.3　不同车流辆的相关参数及求解结果($\rho_{bi}=0.88$)

N_i (辆)	$n_{i图}$ (列)	n_{i1} (列)	n_{i2} (列)	$n_{i差}$ (列)	$n'_{i差}$ (列)	$T^{定编}_{集编}$ (min)	$m_{i定时}$ (辆)	$T^{定时}_{集编}$ (min)	Δt_1 (min)
88	2	1.76	2	0.08	0.24	825.75	44	732.77	92.98
132	3	2.64	3	0.14	0.36	672.20	44	607.41	64.79
176	4	3.52	4	0.21	0.48	595.42	44	546.65	48.77
220	5	4.40	5	0.31	0.60	548.86	44	509.54	39.32
264	6	5.28	6	0.40	0.72	518.33	44	485.45	32.88
308	7	6.16	7	0.46	0.84	496.56	44	468.28	28.28

注：$n_{i差}$和$n'_{i差}$分别为定时集结加开列车数的计算值和实际值；$m_{定时}$为加开后定时集结出发列车平均编成辆数。

表 4.4　不同车流辆的相关参数及求解结果($\rho_{bi}=0.90$)

N_i(辆)	$n_{i图}$(列)	n_{i1}(列)	n_{i2}(列)	$n_{i差}$(列)	$n'_{i差}$(列)	$T_{集编}^{定编}$(min)	$m_{i定时}$(辆)	$T_{集编}^{定时}$(min)	Δt_1(min)
90	2	1.8	2	0.09	0.20	992.00	45	920.67	71.33
135	3	2.7	3	0.15	0.30	807.94	45	756.96	50.98
180	4	3.6	4	0.31	0.40	717.20	45	682.94	34.26
225	5	4.5	5	0.38	0.50	661.97	45	635.04	26.93
270	6	5.4	6	0.50	0.60	625.87	45	603.98	21.89
315	7	6.3	7	0.57	0.70	599.60	45	581.22	18.38

注:$n_{i差}$和$n'_{i差}$分别为定时集结加开列车数的计算值和实际值;$m_{定时}$为加开后定时集结出发列车平均编成辆数。

表 4.5　不同车流辆的相关参数及求解结果($\rho_{bi}=0.92$)

N_i(辆)	$n_{i图}$(列)	n_{i1}(列)	n_{i2}(列)	$n_{i差}$(列)	$n'_{i差}$(列)	$m_{i定时}$(辆)	$T_{集编}^{定编}$(min)	$T_{集编}^{定时}$(min)	Δt_1(min)
92	2	1.84	2	0.08	0.16	46	1 242.56	1 201.64	40.92
138	3	2.76	3	0.15	0.24	46	1 017.05	990.10	26.95
184	4	3.68	4	0.22	0.32	46	902.35	885.58	16.77
230	5	4.60	5	0.31	0.40	46	833.69	822.69	11.00
276	6	5.52	6	0.47	0.48	46	788.03	780.27	7.76
322	7	6.44	7	0.53	0.56	46	755.51	750.08	5.43

注:$n_{i差}$和$n'_{i差}$分别为定时集结加开列车数的计算值和实际值;$m_{定时}$为加开后定时集结出发列车平均编成辆数。

由表4.2~表4.5得到图4.8和图4.9,从图4.8和4.9可以看出:

(1)当定编集结开行列车使用系数一定时,在集编系统内,定编、定编集结货车平均停留时间随车流量N_i的增加而逐渐减小。

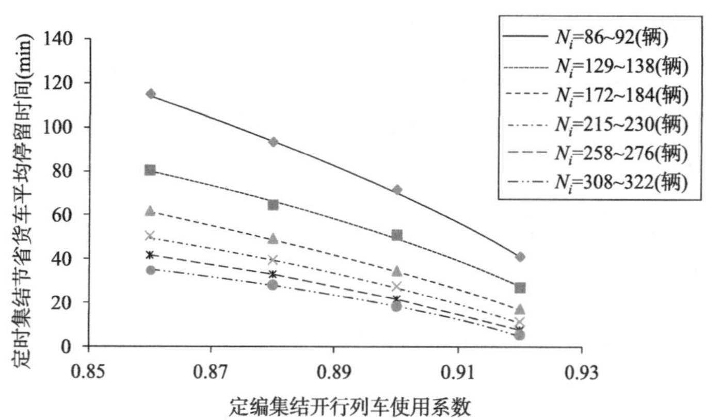

图 4.8 定时集结节省货车平均停留时间随定编集结开行列车使用系数的变化趋势

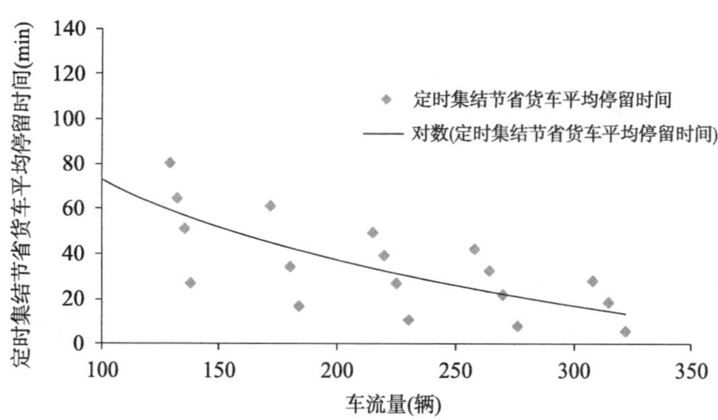

图 4.9 定时集结节省货车平均停留时间随车流量的变化趋势

(2)当图定出发列车数为定值时，开行列车使用系数 ρ_{bi} 随着车流量 N_i 的增大而逐渐增大；此时定时集结节省货车平均停留时间 Δt_1 随定编集结开行列车使用系数 ρ_{bi} 的增大而逐渐减小，即 ρ_{bi} 越小，定时集结节省货车平均停留时间越大。

(3)而当 N_i 继续增大时,图定出发列车数也相应增大,此时定编集结开行列车使用系数 ρ_{bi} 则减小,将 ρ_{bi} 的减小点称为"拐点"。可以得到:ρ_{bi} 拐点附近的车流,定编集结开行列车使用系数较小而车流量较大时定时集结相比定编集结节省货车平均停留时间要大于定编集结开行列车使用系数较大而车流量较小时定时集结节省货车平均停留时间。例如,当 $\rho_{bi}=0.92$,$N_i=184$ 辆($n_{i图}=4$ 列)时定时集结货车节省时间为 16.77 min,而 $\rho_{bi}=0.86$,$N_i=215$ 辆($n_{i图}=5$ 列)时定时集结货车节省时间为 49.67 min。

(4)当定编集结开行列车使用系数 ρ_{bi} 相等时,车流量较大时定时集结节省货车平均停留时间要小于车流量较小时定时集结节省货车平均停留时间。

(5)从整体趋势来说,定时集结节省的货车平均停留时间 Δt_1 随车流量的增大而波动减小。这是因为 ρ_{bi} 随车流量的增大是波动增大的,ρ_{bi} 在拐点(图定出发列车数增大)处会突然减小,因此 Δt_1 会突然增大,之后 Δt_1 随车流量的增大而减小。

由此得出以下结论:

(1)在集编系统内,当定编集结开行列车使用系数一定时,在集编系统内,定编、定时集结货车平均停留时间随车流量 N_i 的增加而逐渐减小。

(2)定时集结相比定编集结节省货车平均停留时间 Δt_1 由车流量和定编集结开行列车使用系数共同决定。在小范围内(当图定出发列车数为定值时),Δt_1 随 ρ_{bi} 的增大而逐渐减小;当开行列车使用系数 ρ_{bi} 相等时,车流量较大时定时集结节省的货车平均停留时间要小于车流量较小时定时集结节省的货车平均停留时间。

(3)对于 ρ_{bi} 拐点附近的车流,定编集结开行列车使用系数较小而车流量较大时定时集结相比定编集结节省货车平均停留时间要大于定编集结开行列车使用系数较大而车流量较小时定时集结节省货车平均停留时间。

(4)从整体趋势来说,定时集结节省货车平均停留时间 Δt_1 随车流量的增大而波动减小。

两种集结模式的经济适用条件需综合考虑多种因素,将在第 6 章具体研究两种集结模式的经济适用条件。

5 到达解体系统排队模型

当货车采用定时集结时,车列按时出发,列车平均编成辆数减小,使得解体系统内后续车列的等待技检时间和等待解体时间减小。此外,定时集结出发列车数增大,不仅导致区间内机车运行成本增大,还会增加解体系统内驼峰调车机车小时成本。

本章基于排队论,构建了货车在解体系统的排队模型,并计算定时、定编集结货车平均停留时间、驼峰解体调车时间,并定量分析车流量对上述指标值的影响。

5.1 货车在到达解体系统的作业过程

5.1.1 分析货车在到达解体系统的主要等待时间

在到达场内,不同方向到达列车首先进行技检作业(包括车辆技术检修、试风、摘机车、货运检查及整理、车号员核对现车和准备解体),其中许多作业是平行进行的,而车列技术检修作业是决定技检作业时长的重要因素。当列车密集到达时,由于列检组数有限,到达列车需要在到达线上排队等待技检作业,由此构成"到达—技检"第一阶排队系统。技检作业结束的车列,以及由其他场转入的重复作业车(折角车、本站作业车及检修车等)需排队等待驼峰解体作业,由此构成到"技检—解体"第二阶排队模型。

在第二阶排队系统中,列车可能在三个环节上产生等待[47]:

(1)技检后或转入重复作业的列车等待驼峰调机挂车。

(2)挂好机车的列车等待推进。

(3)预推后的列车在驼峰信号机前等待溜放。

上述等待时间是受驼峰作业情况的影响,因此可以将这些等待队列看作是等待驼峰服务的队列。综上所述,到达解体系统可以看作二阶串联排队系统。

然而 Petersen[9]指出,列车技术检查作业并非主要"瓶颈",因为增加列检组并非难事,而且在实际作业中,技检作业通常是在车列等待解体作业的时间内完成,因此第一阶排队系统不是本书研究的重点,本书将主要研究第二阶"技检—解体"排队系统(以下简称为"解体系统")。

5.1.2 定时集结模式对到达解体系统的影响

当采用定时集结模式时,由于列车正点出发,从而使前方编组站到达解体系统内列车密集到达的概率降低。列车进入达到解体系统内即摘下牵引机车进行车列的技术检查作业,由于车列技检时间的长短主要与货车数和质量有关,定时集结出发列车的平均编成辆数可能较小,技术检查时间较小,使得后续车列的等待技检时间减小;推峰后车列的解体时间较小,使得后续车列的等待解体时间减小。

此外,定时集结相比定编集结出发列车数可能增大,这不仅导致区间内机车运行成本的增大,还会增加解体系统内驼峰调车机车作业成本。为得到不同集结模式比较精确的技术经济效益,从而做出客观准确的优化决策,除了考虑两种集结模式在集编系统的差别外,还应考虑其对前方编组站解体系统的影响。因此,本章将研究定时、定编集结在前方编组站解体系统的货车平均停留时间以及驼峰解体调车时间的差别。

5.1.3 货车采用定编、定时集结在解体系统作业过程的区别

由于定编、定时集结出发列车在前方编组站解体系统的作业过程是一致的,区别在于定时、定编集结模式到达解体系统的车流规律不同。本章首先根据货车在解体系统的排队过程,建立解体系统排队模型,应用补充变量法求得货车在解体系统的平均停留时间。之后分析定时、定编集结模式到达解体系统的车流规律,将相关参数代入已求得的平均停留时间公式内,分别得到货车采用定时、定编集结在解体系统的平均停留时间计算公式。

5.2 解体系统排队模型

解体系统到达流是车列,出发流是以货车(或车组)为单位,因此以货车为研究对象较为合理,本书将货车在解体系统的排队作业过程描述为有中断服务的批量到达 $M^X/G/1/\infty$排队系统。货车在解体系统的等待时间是等待驼峰作业时间。货车在解体系统的排队过程如图 5.1 所示。图中 C 表示驼峰解体车列时发生中断的状态;c 表示驼峰未解体时发生服务中断;V 表示驼峰为可解体状态,具体解释见 5.2.2 小节。

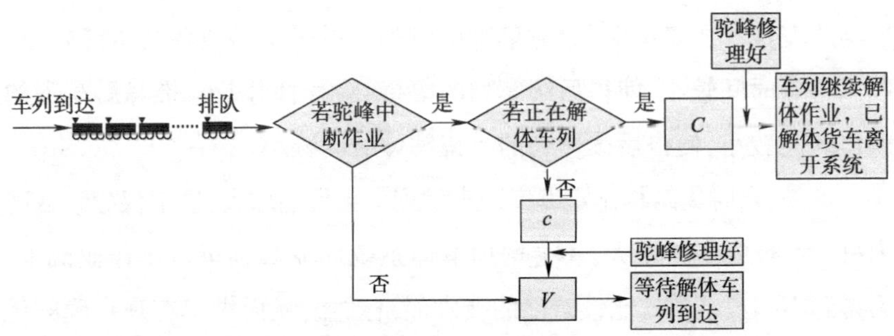

图 5.1 货车在解体系统的排队过程

5.2.1 解体排队系统构成要素

(1)输入过程:依据文献[11,12]研究证明,从不同区段出发的列车到达相同的编组站时,由于车流到达时刻相互重叠,则输入流的规律性降低,在 t 时段内到达列车数的概率分布近似为泊松分布。因此解体系统的到达流服从泊松分布。

在解体排队系统内,输入流以车列为单位,而输出流以货车(或车组)为单位,因此以货车为研究对象较为合理。

系统输入流服从复合齐次泊松分布,即车列(批量)的到达服从参数为 λ 的泊松过程,车列所包含的货车数(批量大小)是正整数随机变量 X',其分布为 $P(X'=m)=a'_m(m=1,2,\cdots)$,且 $\sum_{m=1}^{\infty} a'_m = 1$ 。令批量母函数为 $X'(z) = \sum_{m=1}^{\infty} a'_m z^m$,批量均值为 $E(X')=(X'(1))'$,各批到达货车数量相互独立。

(2)服务机构:驼峰。

(3)驼峰服务规则:不同批的货车实行先到先服务,对同批到达的货车按随机次序服务。针对到达场设置两个或多个驼峰的情况,仍可以将其视为一个服务员,因为实际作业中不同的驼峰是相互协助完成所有车列的解体作业。

(4)驼峰服务时间:郑时德[44]研究得到编组站各系统的作业时间统计分布规律通常符合负指数分布、爱尔朗分布、二阶混合爱尔朗分布、组合爱尔朗分布、超指数分布或正态分布,特殊情况下也可能服从其他分布规律。为使所建模型适用大部分情况,令驼峰服务时间服从一般(任意)分布,分布函数为 $B(x)$,密度函数为 $b(x)$,失效率函数为 $\eta(x)$,且有 $\eta(x)=b(x)/1-B(x)$。

(5)驼峰中断时间:由于驼峰不可能无休止地进行作业,驼峰、调机及其相关工作人员可能由于设备故障或定期维修整备作业、工作人员交接班、吃饭等原因导致解体作业的中断。

驼峰在任意时刻均可能中断服务，设驼峰的平均中断率为$\alpha(\alpha>0)$；驼峰一旦中断服务，立即进行修理，即不存在等待修理的情况；若驼峰中断作业发生在车列解体过程中，则解体作业立刻暂停，待驼峰修复后继续作业，已解体时间仍然有效；当驼峰修复后，若系统内有车列等待解体，则驼峰立即对其进行解体作业，若无车列等待，则驼峰处于空闲状态。

同理，令驼峰中断时间服从一般（任意）分布，定义$R(\gamma)$为驼峰中断时间函数，密度函数为$r(\gamma)$，失效率函数为$\xi(\gamma)$，且满足$\xi(\gamma)=r(\gamma)/1-R(\gamma)$。

（6）定义随机变量G为普遍服务时间[14]，即驼峰解体时间和在解体期间可能发生驼峰中断而产生的中断时间之和，G的 Laplace 变换为

$$\begin{aligned}G^*(\theta) &= \int_0^\infty \sum_{n=0}^\infty \frac{e^{-\alpha t}(\alpha t)^n}{n!} e^{-\theta t}(R^*(\theta))^n \mathrm{d}B(t) \\ &= B^*[\theta+\alpha(1-R^*(\theta))]\end{aligned} \tag{5.1}$$

平均普遍服务时间为

$$E[G] = -\frac{\mathrm{d}}{\mathrm{d}\theta}[G^*(\theta)]_{\theta=0} = E[B](1+\alpha E[R]) \tag{5.2}$$

式中　$E[G]$——驼峰平均普遍服务时间，min；

$E[B]$——驼峰平均服务时间，min；

$E[R]$——驼峰平均中断时间，min。

（7）本书将解体排队系统的到达空间设为无穷，是因为当到达场股道停满列车时，未到达列车需在前方技术站内等待，直到该编组站有空闲股道，且在等待过程中前方列车不会去往其他编组站进行作业，因此将解体排队系统的到达等待空间设为无穷。

（8）上述随机变量相互独立。

5.2.2 模型求解

令解体排队系统状态为$\zeta(t)$,有

$$\zeta(t)=\begin{cases}0, & \text{驼峰中断服务}\\ 1, & \text{驼峰处于可解体状态}\end{cases}$$

本书应用补充变量法对解体排队系统模型进行求解。引进补充变量:$F(t)$表示$\zeta(t)=1$时,在时刻t已逝去的解体时间;$Z(t)$表示$\zeta(t)=0$时,在时刻t驼峰已逝去的中断时间;$N''(t)$表示时刻t系统内的货车数(包括正在解体作业的货车)。因此可知,$[\varphi(t),N''(t),F(t),Z(t)]$为解体系统的向量马尔可夫过程。

集编系统在时刻t的状态概率如下:

$$V_0(t)=P_r\{\zeta(t)=1,N''(t)=0\},t>0$$

$V_0(t)$表示在时刻t驼峰为可解体状态,系统内货车数为0;

$$V_n(x,t)\mathrm{d}x=P_r\{\zeta(t)=1,N''(t)=n,$$
$$x<F(t)\leqslant x+\mathrm{d}x\},t>0,x>0,n\geqslant 1$$

$V_n(x,t)\mathrm{d}x$表示在时刻t驼峰为可解体状态,系统内货车数为n,已解体时间为x;

$$c_n(y,t)\mathrm{d}y=P_r\{\zeta(t)=0,N''(t)=n,$$
$$y<Z(t)\leqslant y+\mathrm{d}y\},t>0,y>0,n\geqslant 0$$

$c_n(y,t)\mathrm{d}y$表示在时刻t驼峰在未开始解体作业时发生中断服务,系统内货车数为n,已中断时间为$Z(t)$;

$$C_n(x,y,t)\mathrm{d}x=P_r\{\zeta(t)=0,N''(t)=n,$$
$$y<Z(t)\leqslant y+\mathrm{d}y\mid F(t)=x\},t>0,(x,y)>0,n\geqslant 1$$

$C_n(x,y,t)\mathrm{d}x$表示在时刻t驼峰中断服务,且在中断服务之前已解体时间为x,系统内货车数为n,已中断时间为$Z(t)$。

在稳态系统中,系统状态的极限概率如下:

$$V_0 = \lim_{t\to\infty} V_0(t)\,;V_n(x) = \lim_{t\to\infty} V_n(x,t)\,;C_n(x,y) = \lim_{t\to\infty} C_n(x,y,t)\,;$$

$$c_n(y) = \lim_{t\to\infty} c_n(y,t)\,;c_0(y) = \lim_{t\to\infty} c_0(y,t)$$

系统的状态转移如图 5.2 所示。根据系统状态转移关系,得到如下方程组:

$$(\lambda + \alpha)V_0 = \int_0^\infty c_0(y)\xi(y)\mathrm{d}y + \int_0^\infty \eta(x)V_1(x)\mathrm{d}x \tag{5.3}$$

$$\frac{\mathrm{d}V_n(x)}{\mathrm{d}x} + \lambda + \alpha + \eta(x) = \lambda\sum_{m=1}^{n} a'_m V_{n-m}(x) + \int_0^\infty C_n(x,y)\xi(y)\mathrm{d}y\,,\quad n \geqslant 1, x > 0, y > 0 \tag{5.4}$$

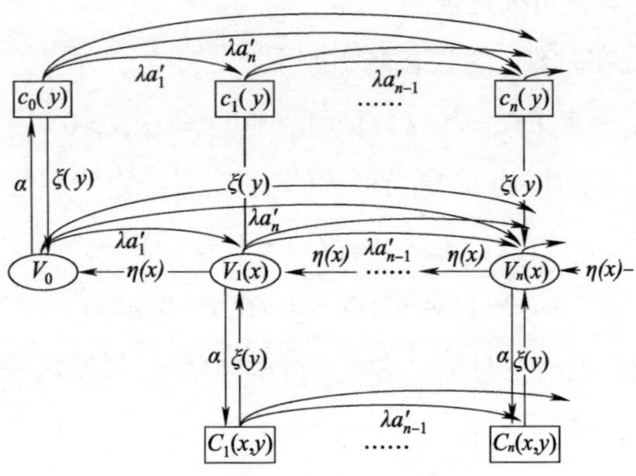

图 5.2　解体系统状态转移图

注:⬭—驼峰可解体状态;▭—驼峰中断服务状态

$$\frac{\mathrm{d}C_n(x,y)}{\mathrm{d}y} + \lambda + \xi(y) = \lambda\sum_{m=1}^{n} a'_m C_{n-m}(x,y)\,, n \geqslant 1, x > 0, y > 0 \tag{5.5}$$

$$\frac{\mathrm{d}c_n(y)}{\mathrm{d}y} + \lambda + \xi(y) = \lambda\sum_{m=1}^{n} a'_m c_{n-m}(y)\,, n \geqslant 0, x > 0, y > 0 \tag{5.6}$$

边界条件:

$$V_n(0) = \int_0^{\infty} V_{n+1}(x)\eta(x)\mathrm{d}x + \int_0^{\infty} c_n(y)\xi(y)\mathrm{d}y + \lambda a'_n V_0, n \geqslant 1 \tag{5.7}$$

$$c_n(0) = \begin{cases} \alpha V_0, n=0 \\ 0, \quad n \geqslant 1 \end{cases} \tag{5.8}$$

当 $y=0$ 且 x 的值固定时

$$C_n(x,0) = \alpha V_n(x), n \geqslant 1, x > 0 \tag{5.9}$$

初始条件为

$$V_0 + \sum_{n=1}^{\infty} \left(\int_0^{\infty} V_n(x)\mathrm{d}x + \int_0^{\infty}\int_0^{\infty} C_n(x,y)\mathrm{d}x\mathrm{d}y\right) + \sum_{n=0}^{\infty}\int_0^{\infty} c_n(x)\mathrm{d}x = 1 \tag{5.10}$$

母函数变换(Z 变换):

$$X'(z) = \sum_{n=1}^{\infty} a'_n z^n, V(x,z) = \sum_{n=1}^{\infty} V_n(x) z^n,$$

$$C(x,y,z) = \sum_{n=1}^{\infty} C_n(x,y) z^n, c(x,z) = \sum_{n=0}^{\infty} c_n(x) z^n, |z| \leqslant 1$$

对式(5.4)~式(5.8)作母函数变换(Z 变换)可得

$$\frac{\mathrm{d}V(x,z)}{\partial x} + a'(z) + \alpha + \eta(x) = \int_0^{\infty} \xi(y) C(x,y,z)\mathrm{d}y \tag{5.11}$$

其中,$a'(z) = \lambda(1 - X'(z))$。

$$\frac{\partial C(x,y,z)}{\partial y} + a'(z) + \xi(y) = 0 \tag{5.12}$$

$$\frac{\partial c(y,z)}{\partial y} + a'(z) + \xi(y) = 0 \tag{5.13}$$

$$V(0,z) = \int_0^{\infty} c(y,z)\xi(y)\mathrm{d}y + \frac{1}{z}\int_0^{\infty} V(x,z)\eta(x)\mathrm{d}x + \lambda A(z)V_0 - (\lambda + \alpha)V_0, x > 0 \tag{5.14}$$

求解式(5.11)~式(5.13)可得

$$V(x,z)=V(0,z)[1-B(x)]\mathrm{e}^{-A(z)x} \tag{5.15}$$

$$C(x,y,z)=C(x,0,z)[1-R(y)]\mathrm{e}^{-a'(z)y} \tag{5.16}$$

$$c(y,z)=c(0,z)[1-R(y)]\mathrm{e}^{-a'(z)y} \tag{5.17}$$

其中，$A(z)=a'(z)+\alpha(1-R^*(a'(z)))$。

对式(5.8)作母函数变换(Z 变换)可得

$$c(0,z)=c_0(0)=\alpha V_0 \tag{5.18}$$

应用式(5.8)、式(5.15)、式(5.17)和式(5.14)可得

$$V(0,z)=c(0,z)R^*(a'(z))+\frac{V(0,z)B^*(A(z))}{z}+\lambda X'(z)V_0-(\lambda+\alpha)V_0 \tag{5.19}$$

将式(5.18)代入式(5.19)得

$$V(0,z)=\frac{zV_0(\lambda X'(z)-\lambda+\alpha R^*(a'(z))-\alpha)}{z-B^*(A(z))} \tag{5.20}$$

将式(5.15)代入式(5.20)得

$$V(x,z)=\frac{zV_0(\lambda X'(z)-\lambda+\alpha R^*(a'(z))-\alpha)}{z-B^*(A(z))}(1-B(x))\mathrm{e}^{-A(z)x} \tag{5.21}$$

$$V(z)=\frac{zV_0(\lambda X'(z)-\lambda+\alpha R^*(a'(z))-\alpha)}{z-B^*(A(z))}\times\frac{(1-B^*(A(z)))}{A(z)} \tag{5.22}$$

将边界条件式(5.9)两边乘以 z^n 求和得到

$$C(x,0,z)=\alpha V(x,z) \tag{5.23}$$

将式(5.15)和式(5.23)代入式(5.16)得到

$$C(x,y,z)=\alpha V(0,z)(1-B(x))\mathrm{e}^{-A(z)x}(1-R(y))\mathrm{e}^{-a'(z)y} \tag{5.24}$$

将式(5.20)代入式(5.24)得到

$$C(x,y,z)=\frac{\alpha zV_0(\lambda X'(z)-\lambda+\alpha R^*(a'(z))-\alpha)}{z-B^*(A(z))}$$

$$(1-B(x))\mathrm{e}^{-A(z)x}(1-R(y))\mathrm{e}^{-a'(z)y} \tag{5.25}$$

对 $C(x,y,z)$ 双重积分得到

$$C(z)=\frac{zV_0(\lambda X'(z)-\lambda+\alpha R^*(a'(z))-\alpha)}{z-B^*(A(z))}\times\frac{(1-B^*(A(z)))}{A(z)}\times$$

$$\frac{\alpha(1-R^*(a'(z)))}{a'(z)}=V(z)\times\frac{\alpha(1-R^*(a'(z)))}{a'(z)} \tag{5.26}$$

由式(5.17)和式(5.18)得到

$$c(y,z)=\alpha V_0[1-R(y)]\mathrm{e}^{-a'(z)y} \tag{5.27}$$

$$\begin{aligned}c(z)&=\int_0^\infty c(y,z)\mathrm{d}y=\int_0^\infty \alpha V_0(1-R(y))\mathrm{e}^{-a'(z)y}\mathrm{d}y\\&=\alpha V_0\frac{(1-R^*(a'(z)))}{a'(z)}\end{aligned} \tag{5.28}$$

令

$$\begin{aligned}F(z)&=V(z)+c(z)+C(z)\\&=V_0\frac{\lambda E(X')E(B)(1+\alpha E(R))+\alpha E(R)}{1-\lambda E(X')E(B)(1+\alpha E(R))}\end{aligned} \tag{5.29}$$

应用式(5.10)可以得到

$$V_0+F(1)=1$$

当 $z=1$ 时,$F(z)$ 的分子和分母均为0,为求得 $F(1)$ 的值,应用洛必达法则(L'Hopital's rule)可以得到

$$F(1)=V_0\frac{\alpha E(R)+\rho_j}{1-\rho_j} \tag{5.30}$$

式中 ρ_j——解体系统驼峰负荷,$\rho_j=\lambda E(X')E(B)(1+\alpha E(R))$。

因此可得

$$V_0=\frac{1-\rho_j}{1+\alpha E(R)} \tag{5.31}$$

式中 V_0——驼峰处于空闲且可服务的稳态概率。

由式(5.31)得到系统稳态存在的充分必要条件为 $\rho_j<1$。

在稳态条件下,令任意时刻系统内货车数(包括正在服务的货车)

分布的母函数为 $\theta(z)$，则有

$$\theta(z)=V_0+V(z)+c(z)+C(z)=\frac{(1-\rho_j)B^*(A(z))(z-1)}{z-B^*(A(z))}\times\frac{1+\frac{\alpha(1-R^*(a'(z)))}{a'(z)}}{1+\alpha E(R)} \tag{5.32}$$

令 $L_{解体}$ 表示稳态条件下，任意时刻解体系统的平均货车数，对式(5.32)应用洛必达法则(L'Hopital's rule)得到

$$L_{解体}=\frac{\mathrm{d}}{\mathrm{d}z}\theta(z)\bigg|_{z=1}=\rho_j+\frac{\lambda E[X'(X'-1)]E[G]+[\lambda E(X')(1+\alpha E(R))]^2E(B^2)}{2(1-\rho_j)}+\frac{\alpha(\lambda E(X'))^2E(R^2)E(B)}{2(1-\rho_j)}+\frac{\lambda\alpha E(X')E(R^2)}{2(1+\alpha E(R))} \tag{5.33}$$

应用 Little 公式得到货车在解体排队系统的平均停留时间 $T_{解体}$ 为

$$T_{解体}=\frac{L_{解体}}{\lambda E(X)}=E(B)(1+\alpha E(R))+\frac{E[X'(X'-1)]E(G)+\lambda[E(X')(1+\alpha E(R))]^2E(B^2)}{2E(X')(1-\rho_j)}+\frac{\alpha\lambda E(X')E(R^2)E(B)}{2(1-\rho_j)}+\frac{\alpha E(R^2)}{2(1+\alpha E(R))} \tag{5.34}$$

货车平均等待解体时间为

$$T_{待解}=T_{解体}-E(B) \tag{5.35}$$

5.3 解体排队系统内两种集结模式平均停留时间计算方法

5.3.1 货车采用定时集结平均停留时间计算方法

由于集结编组系统内集结车流服从复合泊松分布，由于泊松流具有完全随机性，且在固定时间或随机时间段内均保持这种性质，因此集

结结束后,货车采用定时集结出发列车的编成辆数服从泊松分布。同理,到达前方编组站解体系统的车列所包含货车数的二阶矩为 $E(X'^2)=E(X')(E(X')+1)$,因此有

$$E[X'(X'-1)]=E(X'^2)-E(X')=m_{定时}^2$$

依据文献[47]研究证明,不同编组站出发列车到达相同编组站时,由于车流到达时刻相互重叠,则输入流的规律性降低,在 t 时段内到达车流的概率分布近似为泊松分布,因此设去向 i 采用定时集结出发列车进入前方编组站的到达率为 λ_2。

将上述参数代入式(5.34),得到货车采用定时集结在前方编组站解体系统内的平均停留时间为

$$T_{解体}^{定时}=E(B)(1+\alpha E(R))+\frac{m_{定时}^2E(G)+\lambda_2\ [m_{定时}(1+\alpha E(R))]^2E(B^2)}{2m_{定时}(1-\rho_j)}+\frac{\alpha\lambda_2 m_{定时}E(R^2)E(B)}{2(1-\rho_j)}+\frac{\alpha E(R^2)}{2(1+\alpha E(R))} \tag{5.36}$$

$$\lambda_2=n_{i2}/1\ 440 \tag{5.37}$$

$$\rho_j=(N_{总}/1\ 440)\times E(B)\times(1+\alpha E(R)) \tag{5.38}$$

式中 λ_2——解体系统内定时集结模式的列车到达率,列/min;

n_{i2}——去向 i 加开列车后定时集结一昼夜出发列车数,列;

$m_{定时}$——加开列车后定时集结模式出发列车的平均编成辆数,辆;

ρ_j——驼峰负荷;

$E(R)$——驼峰平均维修时间;

$N_{总}$——一昼夜到达前方编组站的总货车数,辆。

5.3.2 货车采用定编集结平均停留时间计算方法

在定编集结模式下,列车从编组站集结满轴后出发,因此列车车长为定值,车长平均值为 $E(X')=m_{定编}$,车长二阶矩满足 $E(X'^2)=m_{定编}^2$,

因此

$$E[X'(X'-1)]=E(X'^2)-E(X')=m_{定编}^2-m_{定编}$$

设去向 i 货车采用定编集结出发列车进入前方编组站的到达率为 λ_1，将上述参数代入式(5.34)，得到货车采用定编集结在前方编组站解体系统内的平均停留时间为

$$T_{解体}^{定编}=E(B)(1+\alpha E(R))+\frac{(m_{定编}^2-m_{定编})E(G)+\lambda_1\ [m_{定编}(1+\alpha E(R))]^2E(B^2)}{2m_{定编}(1-\rho_j)}+\frac{\alpha\lambda_1 m_{定编}E(R^2)E(B)}{2(1-\rho_j)}+\frac{\alpha E(R^2)}{2(1+\alpha E(R))} \tag{5.39}$$

$$\lambda_1=n_{i1}/1\ 440 \tag{5.40}$$

式中 λ_1——解体系统内定编集结模式的列车到达率，列/min；

n_{i1}——去向 i 定编集结一昼夜平均出发列车数，列；

$m_{定编}$——满轴车辆数，辆。

由于定时、定编集结模式出发列车在前方编组站解体系统的作业过程是一致的，区别在于两种集结模式到达解体系统的车流规律不同：(1)去向 i 采用定时集结出发列车数增大，列车平均编成辆数减小，列车到达间隔时间分布为泊松分布；(2)去向 i 采用定编集结出发列车数相对较小，列车满轴出发，列车到达间隔时间分布同样为泊松分布。因此将定时、定编集结出发车流参数代入式(5.34)，可分别得到去向 i 货车采用两种集结模式在解体系统的平均停留时间计算公式。

在解体系统内，车列解体时间的长短主要与货车数和质量有关，定时集结出发列车的平均编成辆数可能较小，推峰后车列的解体时间较小，使得后续车列的等待解体时间减小；然而，定时集结相比定编集结出发列车数可能增大，这不仅导致区间内机车运行成本的增大，还会增加解体系统内驼峰调车机车作业费用(具体分析见5.4.2)。

5.3.3 驼峰解体、中断时间分布对货车平均停留时间的影响分析

1. 解体时间分布对货车平均停留时间的影响

以去向3车流为研究对象,依据4.4.3的计算结果可知去向3车流采用定时集结出发列车的相关参数见表5.1。

表5.1 去向3定时集结出发列车的相关参数($N_3=308$ 辆)

$m_{定时}$(辆)	$n'_{误差}$(列)
44.00	0.84

依据郑时德等[44]的研究可知,驼峰解体时间通常符合负指数分布、爱尔朗分布、二阶混合爱尔朗分布、组合爱尔朗分布、超指数分布或正态分布,特殊情况下也可能服从其他分布规律。为研究驼峰解体时间分布对货车平均停留时间的影响,令驼峰解体时间分别服从指数分布(M)和四阶爱尔朗分布(E_4)和定长分布(D)。为避免驼峰中断时间分布对结果的影响,令驼峰中断时间服从定长分布[即 $E(R^2)=(E(R))^2$]。

解体系统的总车辆数为 $N_{总}=4\ 000$ 辆,驼峰服务中断概率为 $\alpha=0.003$ 次/min,驼峰中断时间均值为 $E(R)=15$ min,由充分必要条件 $\rho_j<1$ 得到驼峰平均解体时间满足 $E(B)<0.344$ min。$E(B)$取不同值带入式(5.36)和式(5.39),得到两种集结模式下货车在解体系统的平均停留时间,结果见表5.2和表5.3。

表5.2 货车采用定编集结在不同解体时间分布和大小时的平均停留时间 单位:min

$E(B)(\rho_j)$	驼峰解体时间服从指数分布	驼峰解体时间服从四阶爱尔朗分布	驼峰解体时间服从定长分布
0.25(0.9)	75.2	74.24	74

续上表

$E(B)(\rho_j)$	驼峰解体时间服从指数分布	驼峰解体时间服从四阶爱尔朗分布	驼峰解体时间服从定长分布
0.22(0.8)	30.66	30.32	30.21
0.19(0.7)	17.34	17.18	17.12
0.17(0.6)	12.67	12.56	12.52
0.14(0.5)	8.24	8.18	8.16
0.11(0.4)	5.42	5.4	5.4
0.08(0.3)	3.46	3.45	3.44
0.06(0.2)	2.46	2.45	2.45

表 5.3　货车采用定时集结在不同解体时间分布和大小时的平均停留时间

单位:min

$E(B)(\rho_j)$	驼峰解体时间服从指数分布	驼峰解体时间服从四阶爱尔朗分布	驼峰解体时间服从定长分布
0.25(0.9)	71.85	70.90	70.58
0.22(0.8)	29.30	28.96	28.85
0.19(0.7)	16.58	16.42	16.36
0.17(0.6)	12.11	12.01	11.97
0.14(0.5)	7.88	7.83	7.81
0.11(0.4)	5.19	5.16	5.15
0.08(0.3)	3.32	3.31	3.30
0.06(0.2)	2.36	2.35	2.35

依据表5.2和表5.3的结果看出,驼峰解体时间服从不同分布对$T_{解体}^{定编}$和$T_{解体}^{定时}$的影响非常小,为求解方便,可以令驼峰解体时间服从定长分布(D)。货车采用定时集结相比定编集结在前方编组站解体系统的

节省时间见表5.4。

表5.4 在解体系统内货车采用定时集结节省时间 单位:min

ρ_j	0.9	0.8	0.7	0.6	0.5	0.4	0.3	0.2
Δt_2(min)	3.42	1.36	0.76	0.55	0.35	0.25	0.14	0.1

从上述分析可以得出:(1)当驼峰解体时间一定时,其服从不同分布对$T_{解体}^{定编}$和$T_{解体}^{定时}$的值影响很小,为简化计算,令驼峰解体时间服从定长分布,因此有$E(B^2)=(E(B))^2$;(2)$T_{解体}^{定编}$和$T_{解体}^{定时}$的值以及两者之间的差值Δt_2均随驼峰负荷ρ_j的减小而逐渐减小,这是因为ρ_j较小时,有利于加快列车在解体系统的周转时间,因此货车在解体系统内的停留时间$T_{解体}^{定编}$和$T_{解体}^{定时}$相对较小;相反,当ρ_j较大时,车列在解体系统内等待作业的时间增大,$T_{解体}^{定编}$和$T_{解体}^{定时}$也相应增大,且两者之间的差值Δt_2也相应增大,定时集结的优越性显现出来。

2. 驼峰中断时间分布对平均停留时间的影响

同样以去向3车流为研究对象。依据郑时德等[44]的研究得到驼峰中断作业时间通常服从定长分布、负指数分布和爱尔朗分布等,特殊情况下也可能服从其他分布规律。为研究驼峰中断时间分布对货车平均停留时间的影响,令驼峰中断时间分别服从指数分布(M)和四阶爱尔朗分布(E_4)和定长分布(D),为避免驼峰解体时间分布对结果的影响,令驼峰解体时间服从定长分布[即$E(B^2)=(E(B))^2$]。

解体系统的总车辆数为$N_{总}=4\ 000$辆,驼峰服务中断概率为$\alpha=0.003$,驼峰平均解体时间$E(B)=0.2$ min,由充分必要条件$\rho_j<1$得到驼峰平均中断时间满足$E(R)<266.56$ min。$E(R)$取不同值代入式(5.36)和式(5.39),得到两种集结模式下货车在解体系统的平均停留时间,见表5.5和表5.6。

表 5.5　货车采用定编集结在不同中断时间分布和大小时的平均停留时间　　单位:min

$E(R)$	驼峰中断时间服从指数分布	驼峰中断时间服从四阶爱尔朗分布	驼峰中断时间服从定长分布
50	44.85	35.94	32.96
30	29.01	25.62	24.49
15	21.51	20.62	20.33
10	19.94	19.54	19.41

表 5.6　货车采用定时集结在不同中断时间分布和大小时的平均停留时间　　单位:min

$E(R)$	驼峰中断时间服从指数分布	驼峰中断时间服从四阶爱尔朗分布	驼峰中断时间服从定长分布
50	43.85	34.94	31.97
30	28.06	24.68	23.55
15	20.60	19.72	19.42
10	19.05	18.65	18.51

依据表 5.5 和表 5.6 的结果可知:(1)当 $E(R) \leqslant 15$ min 时,驼峰中断时间服从不同分布对 $T_{解体}^{定编}$ 和 $T_{解体}^{定时}$ 的影响非常小,为求解方便可令驼峰中断时间服从定长分布(即 $E(R^2)=(E(R))^2$);相反,当 $E(R)>15$ min 时,驼峰中断时间服从不同分布对 $T_{解体}^{定编}$ 和 $T_{解体}^{定时}$ 的影响相对较大,需要确定中断时间的分布特征;(2)$T_{解体}^{定编}$ 和 $T_{解体}^{定时}$ 的值随 $E(R)$ 的减小而逐渐减小;(3)对比表 5.5 和表 5.6 可知,在解体系统内定时集结节省货车平均停留时间 Δt_2 随 $E(R)$ 的减小而基本不变,且 $\Delta t_2 \approx 1$ min,因此驼峰中断时间的分布对结果的影响可忽略不计。

依据上述研究可知,驼峰解体时间以及中断时间的分布对 $T_{解体}^{定编}$ 和

$T_{解体}^{定时}$的影响很小，为简化计算可令解体时间和中断时间服从定长分布，因此有 $E(B^2)=(E(B))^2$，$E(R^2)=(E(R))^2$，将其代入式(5.36)和式(5.39)，可以得到前方编组站解体系统内货车采用定时集结相比定编集结节省货车平均停留时间的计算公式为

$$\Delta t_2=T_{解体}^{定编}-T_{解体}^{定时}$$
$$=\frac{m_{定编}m_{定时}E(G)(m_{定编}-m_{定时}-1)+(\lambda_1 m_{定编}-\lambda_2 m_{定时})(1+\alpha E(R))^2(E(B))^2}{2m_{定编}m_{定时}(1-\rho_j)} \tag{5.41}$$

在式(5.41)中，由于去向 i 采用两种集结模式一昼夜出发货车数是相等的，因此有

$$\lambda_1 m_{定编}-\lambda_2 m_{定时}=0$$

得到

$$\Delta t_2=T_{解体}^{定编}-T_{解体}^{定时}=\frac{E(B)(1+\alpha E(R))(m_{定编}-m_{定时}-1)}{2(1-\rho_j)} \tag{5.42}$$

6 相关因数影响分析和技术经济效益计算

在铁路运营工作中,采用任何车流组织和技术措施,必然要求获得最大的经济效果,即以最少的人力、物力消耗,安全迅速地完成国家运输计划规定的任务。对铁路运营工作经济效果的评价,就是在完成一定运输周转量的前提下,通过运营工作指标的计算与分析,来确定由于改善运营工作所获得运营支出的节约。本章采用运输经济学原理计算定时、定编集结模式的技术经济效益,确定两种集结模式的适用条件,从而选择出技术上先进、经济合理的最佳方案,为决策提供科学依据。

在铁路编组站内,由原有的定编集结模式转变为定时集结模式可以减少货物在站停留时间,提高货物运输效率,有利于扩大铁路货运市场份额,由此带来的市场经济效益是巨大的,但是这部分费用很难用运输组织相关方法进行计算,所以本书仅从运输组织的角度分析计算定时、定编集结模式的技术经济效益。

6.1 定时集结技术经济效益影响因素分析

所谓运营支出,就是指在铁路运输生产过程中,为完成客、货运输而支出的各项费用。而运输成本是指单位周转量所消耗的运营支出。

运输成本是反映铁路运输生产过程一切成果的综合性指标,铁路运输企业经济活动中任何一个环节工作质量的好坏,包括机车车辆运用指标的完成情况,最终都将反映到运输成本上来。

在计算非经常性的或非例行的(如分析工作中)运输成本时,所采用的计算方法有支出率法、按支出项目直接计算法和支出比重法等。在分析计算机车车辆运用指标的经济效果时,一般采用支出率法。

按支出率法计算运输成本,是先将运输支出划分为与行车量有关支出及与行车量无关支出两部分,把各项与行车量有关支出分别归纳于关系最密切的指标里,然后将属于同一指标的各项支出加总,再以该指标总数除之,从而计算出每一单位指标的支出数,称之为支出率[48]。

铁路运输成本的大小,既取决于各项指标支出率的数值,同时也取决于为完成单位运输量所消耗的指标数的大小。在分析中,若支出率作为一项常量处理,则运输成本的变化系全部由为完成单位运输量所消耗指标数的变化所构成[48]。

6.1.1 定时集结节省总车小时的因素影响分析

依据第4章的结论,集编系统内定编、定时集结货车平均停留时间计算公式分别为

$$T_{集编}^{定编} = L/\lambda_0 E(X) = \frac{\sum_{i=1}^{m_{定编}-1} i\psi_i}{\lambda_0 E(X)\sum_{i=0}^{m_{定编}-1}\psi_i} + E(S) + \frac{\lambda_0 E(X(X-1))(E(S)+E(W))}{2\lambda_0 E(X) m_{定编}(1-\rho_{bi})} + \frac{\lambda_0^2 (E(X))^2 (E(S^2)+E(W^2)+2E(S)E(W)) + \rho_{bi} m_{定编} - \rho_{bi} m_{定编}^2}{2\lambda_0 E(X) m_{定编}(1-\rho_{bi})}$$

$$T_{集编}^{定时} = L'/\lambda_0 E(X)$$

$$= \frac{m_{定时}\sum_{j=1}^{m_{定编}}[m_{定编}(m_{定编}-1)-j(j-1)]w_j}{2\lambda_0^2 E(X)^2(m_{定编}-m_{定时})} +$$

$$\frac{m_{定编}\sum_{j=0}^{m_{定编}}(m_{定编}-j)w_j}{2\lambda_0 E(X)(m_{定编}-m_{定时})} \times$$

$$\frac{\lambda_0(E(X))^2(E(S'^2)+E(W'^2)+2E(S')E(W'))+E(X^2)(E(S')+E(W'))}{\lambda_0 E(X)^2 m_{定编}} +$$

$$\frac{\lambda_0^2(E(X))^2(E(S'^2)+E(W'^2)+2E(S')E(W'))+\lambda_0 E(X^2)(E(S')+E(W'))-m_{定编}(m_{定编}-1)}{2\lambda_0 E(X)(m_{定编}-m_{定时})} -$$

$$\frac{E(X^2)}{2\lambda_0(E(X))^2}$$

由于上述公式较复杂，本书将按以下步骤分析相关因素对定时集结节省总车小时的影响：

(1)取若干参数，简化集编系统内定时、定编集结货车平均停留时间计算公式。

(2)将已简化的定编、定时集结货车平均停留时间计算公式拆分为若干子公式。

(3)根据拆分后的子公式，以及前方编组站解体系统内定时集结节省货车平均停留时间(或车小时)计算公式，得到定时集结相比定编集结节省总货车平均停留时间(或总车小时)的计算公式。

(4)当一昼夜车流量由105(辆)增加至322(辆)时，计算其他因素和参数变化前、后的值，然后计算主要因素对各子公式变化值的影响值，代入式(6.7)得到主要因素对定时集结节省总车小时变化值的影响值。具体过程如下：

①取若干参数，简化集编系统内定时、定编集结货车平均停留时间计算公式。

a. 简化定编集结货车平均停留时间计算公式。

将 $E(S)=20$ min，满轴车辆数 $m_{定编}=50$ 辆代入集编系统内定编集结货车平均停留时间计算公式内，将该公式拆分为以下各参数：

$$令\ a=\frac{\sum_{i=1}^{m_{定编}-1} i\psi_i}{\sum_{i=0}^{m_{定编}-1} \psi_i},b=1-\rho_{bi},e=400+E(W^2)+40E(W),$$

$$f=20+E(W),\lambda_0 E(X)=N_i/1\ 440$$

公式中平均集结时间 $E(W)$ 以及集结时间二阶矩 $E(W^2)$ 的大小由图定出发列车数以及出发间隔时间决定，且满足

$$E(S)+E(W)=1\ 440/n_{i图}$$

式中 $n_{i图}$——运行图规定去向 i 一昼夜出发列车数，列；

$E(W)$——定编集结图定平均集结时间，min；

$E(W^2)$——定编集结图定集结时间二阶矩，min。

因此，集编系统内定编集结货车平均停留时间计算公式可以简化为

$$T_{集编}^{定编}=\frac{1\ 440a}{N_i}+20+\frac{f\times E(X(X-1))}{100E(X)b}+\frac{eN_i}{144\ 000b}-\frac{35\ 280\rho_{bi}}{N_i b} \tag{6.1}$$

b. 简化定时集结货车平均停留时间计算公式。

将 $E(S')=20$ min，满轴车辆数 $m_{定编}=50$ 辆代入集编系统内定时集结货车平均停留时间计算公式内，将该公式拆分为以下各参数：

$$令\ e'=400+E(W'^2)+40E(W'),c=\sum_{j=0}^{m_{定编}}[2\ 450-j(j-1)]w_j,$$

$$d=\sum_{j=0}^{m_{定编}}(m_{定编}-j)w_j,f'=20+E(W'),g=m_{定编}-m_{定时}$$

同上，公式中平均集结时间 $E(W')$ 以及集结时间二阶矩 $E(W'^2)$ 的

大小由加开列车后定时集结出发列车数以及出发间隔时间决定，且满足

$$E(S')+E(W')=1\ 440/n_{i2}$$

式中　$E(W')$——定时集结图定平均集结时间，min；

$E(W'^2)$——定时集结图定集结时间二阶矩，min；

n_{i2}——加开列车后定时集结一昼夜出发列车数，列。

因此，集编系统内定时集结货车平均停留时间计算公式可以简化为

$$T_{集编}^{定时}=\frac{1\ 036\ 800m_{定时}c}{N_i^2g}+\frac{720de'}{N_ig}+\frac{1\ 036\ 800E(X^2)df'}{N_i^2gE(X)}+\frac{N_ie'}{2\ 880\ g}+\frac{E(X^2)f'}{2E(X)g}-\frac{1\ 764\ 000}{N_ig}-\frac{720E(X^2)}{N_iE(X)} \tag{6.2}$$

②将已简化的集编系统定编、定时集结货车平均停留时间计算公式拆分为若干子公式。

a. 集编系统内定编集结货车平均停留时间计算公式拆分成以下子公式：

令 $A_1=\dfrac{1\ 440a}{N_i}, B_1=\dfrac{f\times E(X(X-1))}{100E(X)b}, C_1=\dfrac{eN_i}{144\ 000b}, D_1=\dfrac{35\ 280\rho_{bi}}{N_ib}$

因此定编集结货车平均停留时间计算公式可以写成

$$T_{集编}^{定编}=A_1+B_1+20+C_1-D_1 \tag{6.3}$$

b. 集编系统内定时集结货车平均停留时间计算公式拆分成以下子公式：

令

$$A_2=\frac{1\ 036\ 800m_{定时}c}{N_i^2g}, B_2=\frac{720de'}{N_ig},$$

$$C_2=\frac{1\ 036\ 800E(X^2)f'd}{N_i^2gE(X)}, G_2=\frac{e'N_i}{2\ 880g},$$

$$D_2=\frac{E(X^2)f'}{2E(X)g},E_2=\frac{1\ 764\ 000}{N_i g},F_2=\frac{720E(X^2)}{N_i E(X)}$$

因此定时集结货车平均停留时间计算公式可以写成

$$T_{集编}^{定时}=A_2+B_2+C_2+D_2-E_2-F_2+G_2 \tag{6.4}$$

③根据拆分后的子公式,以及前方编组站解体系统内定时集结节省货车平均停留时间(或车小时)计算公式,得到定时集结相比定编集结节省总货车平均停留时间(或总车小时)的计算公式。

依据式(6.3)和式(6.4)得到,集编系统内定时集结节省总车小时的计算公式为

$$\begin{aligned}\Delta t_1&=T_{集编}^{定编}-T_{集编}^{定时}\\&=A_1+B_1+20+C_1-D_1-A_2-B_2-C_2-D_2+E_2+F_2-G_2\end{aligned} \tag{6.5}$$

依据第5章的结论,前方编组站解体系统内定时集结节省货车平均停留时间(或车小时)计算公式为

$$\begin{aligned}\Delta t_2&=T_{解体}^{定编}-T_{解体}^{定时}\\&=\frac{E(B)(1+\alpha E(R))(m_{定编}-m_{定时}-1)}{2(1-\rho_j)}\end{aligned} \tag{6.6}$$

因此定时集结节省总车小时的计算公式为

$$\begin{aligned}\Delta t_{总}&=\Delta t_1+\Delta t_2\\&=A_1+B_1+20+C_1-D_1-A_2-B_2-C_2-D_2+E_2+F_2-G_2+\Delta t_2\end{aligned} \tag{6.7}$$

④当一昼夜车流量由105辆增加至322辆时,计算其他因素和参数变化前、后的值,然后计算主要因素对各子公式变化值的影响值,代入式(6.7)得到主要因素对定时集结节省总车小时变化值的影响值。

车流量的变化不会导致前方编组站解体系统内驼峰服务时间、负荷以及中断时间等参数的变化。因此,在研究相关因素对定时集结节省

总车小时变化值的影响时,取驼峰相关因素值为 $E(B)=0.22$ min/车, $\alpha=0.003$ 次/min, $E(R)=15$ min, $\rho_j=0.86$。

由于解体系统内驼峰相关因素的变化只对解体系统内定时集结节省车小时有影响,而定时集结在集编系统内节省车小时要远大于其在前方编组站解体系统内节省的车小时,因此将不考虑驼峰相关因素变化对定时集结节省总车小时的影响。相关因素和参数变化值见表 6.1。

表 6.1 相关因素和参数变化值

项目	N_i^2	N_i (辆)	λ_0 (组/min)	$E(X(X-1))$ (辆)	$E(X)$ (辆)	n_{i2} (列)
变化前	11 025	105	0.015	21.14	4.86	3
变化后	103 684	322	0.023	240.28	9.72	7
变化值	+92 659	+217	+0.008	+219.14	+4.86	+4

项目	ρ_{bi}	$m_{定时}$ (辆)	$E(W^2)$	$E(W)$	$E(X^2)$
变化前	0.7	35	245 456	460	26
变化后	0.92	46	34 484.5	185.7	250
变化值	+0.22	+11	-21 097.5	-274.3	+224

项目	a	b	c	d	e	e'
变化前	23.26	0.3	1.04	0.031	264 256	264 256
变化后	20.35	0.08	0.86	0.019	42 312.5	42 312.5
变化值	-2.91	-0.22	-0.18	-0.012	-221 943.5	-221 943.5

项目	f'	f	g	$E(W')$	$E(W'^2)$
变化前	480	480	15	460	245 456
变化后	205.7	205.7	4	185.7	34 484.5
变化值	-274.3	-274.3	-11	-274.3	-21 097.5

注:表中 $m_{定时}$ 为加开列车后定时集结列车平均编成辆数。

依据表 6.1 相关因素的变化值,应用因素影响分析的函数分析方法,分别计算 N_i、$m_{定时}$、ρ_{bi}、$E(W)$、$E(W')$、$E(W'^2)$、$E(W^2)$ 对定时集结节省总车小时的变化值的影响。在计算时,为区分不同因素变化前、后的值,变化后的值用“ * ”表示。由于 $E(X)$ 和 λ_0 的大小主要由车流量 N_i 决定,因此将不考虑 $E(X)$ 和 λ_0 的影响。

a. 计算车流量 N_i 对相关子公式变化值的影响值。

(a) N_i 对 A_1 变化值的影响值(ΔA_{1N_i})为

$$\Delta A_{1N_i} = -1\ 440\frac{\Delta N_i a}{N_i^* N_i} = -1\ 440 \times \frac{217 \times 23.26}{322 \times 105} = -214.97(\text{min}) \tag{6.8}$$

(b) N_i 对 C_1 变化值的影响值(ΔC_{1N_i})为

$$\Delta C_{1N_i} = \frac{e\Delta N_i}{144\ 000b} = \frac{264\ 256 \times 217}{144\ 000 \times 0.3} = 1\ 327.4(\text{min}) \tag{6.9}$$

(c) N_i 对 D_1 变化值的影响值(ΔD_{1N_i})为

$$\begin{aligned}\Delta D_{1N_i} &= -\frac{35\ 280\Delta N_i}{2N_i N_i^* b}(\rho_{bi} + \rho_{bi}^*) \\ &= -\frac{35\ 280 \times 217}{2 \times 322 \times 105 \times 0.3} \times (0.7 + 0.92) \\ &= -611.37(\text{min})\end{aligned} \tag{6.10}$$

(d) N_i 对 A_2 变化值的影响值(ΔA_{2N_i})为

$$\begin{aligned}\Delta A_{2N_i} &= -\frac{1\ 036\ 800\Delta N_i^2 c}{2N_i^2 N_i^{*2} g}(m_{定时}^* + m_{定时}) \\ &= -\frac{1\ 036\ 800 \times 92\ 659 \times 1.04}{2 \times 11\ 025 \times 103\ 684 \times 15} \times (46 + 35) \\ &= -235.99(\text{min})\end{aligned} \tag{6.11}$$

(e) N_i 对 B_2 变化值的影响值(ΔB_{2N_i})为

$$\Delta B_{2N_i} = -\frac{720\Delta N_i de'}{N_i N_i^* g}$$

$$= -\frac{720 \times 217 \times 0.031 \times 264\ 256}{105 \times 322 \times 15}$$

$$= -2\ 523.73(\text{min}) \tag{6.12}$$

(f) N_i 对 C_2 变化值的影响值(ΔC_{2N_i})为

$$\Delta C_{2N_i} = -\frac{1\ 036\ 800 \Delta N_i^2 f' d}{6 N_i^{*2} N_i^2 g} \times \left[2\left(\frac{E(X^2)}{E(X)} + \frac{E(X^2)^*}{E(X)^*}\right) + \frac{E(X^2)^*}{E(X)} + \frac{E(X^2)}{E(X)^*}\right]$$

$$= \frac{1\ 036\ 800 \times 92\ 659 \times 480 \times 0.031}{6 \times 103\ 685 \times 11\ 025 \times 15} \times \left(2 \times \frac{26}{4.86} + \frac{250}{9.72} + \frac{26}{9.72} + \frac{250}{4.86}\right) = -1\ 615.34(\text{min}) \tag{6.13}$$

(g) N_i 对 E_2 变化值的影响值(ΔE_{2N_i})为

$$\Delta E_{2N_i} = -\frac{1\ 764\ 000 \Delta N_i}{2 N_i N_i^* g} = -\frac{1\ 764\ 000 \times 217}{2 \times 105 \times 322 \times 15} = -377.39(\text{min}) \tag{6.14}$$

(h) N_i 对 F_2 变化值的影响值(ΔF_{2N_i})为

$$\Delta F_{2N_i} = -\frac{720 \Delta N_i}{6 N_i N_i^*} \times \left[2\left(\frac{E(X^2)}{E(X)} + \frac{E(X^2)^*}{E(X)^*}\right) + \frac{E(X^2)^*}{E(X)} + \frac{E(X^2)}{E(X)^*}\right]$$

$$= -\frac{720 \times 217}{6 \times 105 \times 322} \times \left[2 \times \left(\frac{26}{4.86} + \frac{250}{9.72}\right) + \frac{26}{9.72} + \frac{250}{4.86}\right]$$

$$= -89.54(\text{min}) \tag{6.15}$$

(i) N_i 对 G_2 变化值的影响值(ΔG_{2N_i})为

$$\Delta G_{2N_i} = \frac{e' \Delta N_i}{2\ 880 g} = \frac{264\ 256 \times 217}{2\ 880 \times 15}$$

$$= 1\ 327.40(\text{min}) \tag{6.16}$$

b. 计算定编集结开行列车使用系数 ρ_{bi} 对相关子公式变化值的影响值。

在计算 ρ_{bi} 对相关子公式变化值的影响值时，将 $b=1-\rho_{bi}$ 代入子公式计算。

(a)将 $b=1-\rho_{bi}$ 代入子公式 B_1 得到

$$B_1=\frac{1}{\dfrac{100E(X)}{f\times E(X(X-1))}-\dfrac{100E(X)\rho_{bi}}{f\times E(X(X-1))}}$$

则 ρ_{bi} 对 B_1 的影响值($\Delta B_{1\rho_{bi}}$)为

$$\Delta B_{1\rho_{bi}}=+\frac{100\Delta\rho_{bi}B_1^*B_1}{6f}\times$$
$$\left[2\left(\frac{E(X)}{E(X(X-1))}+\frac{E(X)^*}{E(X(X-1))^*}\right)+\frac{E(X)^*}{E(X(X-1))}+\frac{E(X)}{E(X(X-1))^*}\right]$$
$$=+\frac{100\times0.22\times69.6\times635.62}{6\times480}\times$$
$$\left[2\times\left(\frac{4.86}{21.24}+\frac{9.72}{240.28}\right)+\frac{4.86}{240.28}+\frac{9.72}{21.24}\right]=345.64(\text{min})$$

(6.17)

(b)将 $b=1-\rho_{bi}$ 代入子公式 C_1 得到

$$C_1=\frac{1}{\dfrac{144\ 000}{eN_i}-\dfrac{144\ 000\rho_{bi}}{eN_i}}$$

则 ρ_{bi} 对 C_1 的影响值($\Delta C_{1\rho_{bi}}$)为

$$\Delta C_{1\rho_{bi}}=+\frac{144\ 000\Delta\rho_{bi}C_1^*C_1}{2e}\left(\frac{1}{N_i}+\frac{1}{N_i^*}\right)$$
$$=+\frac{144\ 000\times0.22\times1\ 182.7\times642.7}{2\times264\ 256}\times\left(\frac{1}{105}+\frac{1}{322}\right)$$
$$=+575.43(\text{min}) \tag{6.18}$$

(c)将 $b=1-\rho_{bi}$ 代入 D_1，则有

$$D_1=\frac{1}{\dfrac{N_i}{35\ 280\rho_{bi}}-\dfrac{N_i}{35\ 280}}$$

则 ρ_{bi} 对 D_1 变化值的影响值($\Delta D_{1\rho_{bi}}$)为

$$\Delta D_{1\rho_{bi}} = \frac{\Delta\rho_{bi} D_1 D_1^*}{2 \times 35\ 280 \rho_{bi} \rho_{bi}^*}(N_i + N_i^*)$$

$$= \frac{0.22 \times 784 \times 1\ 260}{2 \times 35\ 280 \times 0.7 \times 0.92} \times (105 + 322)$$

$$= 2\ 042.17(\text{min}) \tag{6.19}$$

c. 计算定时集结平均编成辆数对相关子公式变化值的影响值。

当计算定时集结平均编成辆数对相关子公式变化值的影响值时，将 $g = 50 - m_{定时}$ 代入子公式计算。

(a)将 $g = 50 - m_{定时}$ 代入 A_2，有

$$A_2 = \frac{1}{\dfrac{N_i^2}{20\ 736 m_{定时} c} - \dfrac{N_i^2}{1\ 036\ 800 c}}$$

则 $m_{定时}$ 对 A_2 的影响值($\Delta A_{2m_{定时}}$)为

$$\Delta A_{2m_{定时}} = \frac{\Delta m_{定时} A_2 A_2^*}{20\ 736 \times 2 m_{定时} m_{定时}^* c}(N_i^{*2} + N_i^2)$$

$$= \frac{11 \times 228.21 \times 98.9}{20\ 736 \times 2 \times 35 \times 46 \times 1.04} \times (11\ 025 + 103\ 684)$$

$$= 410.12(\text{min}) \tag{6.20}$$

(b)将 $g = 50 - m_{定时}$ 代入 B_2，则有

$$B_2 = \frac{720 de'}{N_i(50 - m_{定时})} = \frac{1}{\dfrac{50 N_i}{720 de'} - \dfrac{N_i m_{定时}}{720 de'}}$$

则 $m_{定时}$ 对 B_2 的影响值($\Delta B_{2m_{定时}}$)为

$$\Delta B_{2m_{定时}} = \frac{\Delta m_{定时} B_2 B_2^*}{720 \times 2 de'}(N_i + N_i^*)$$

$$= \frac{11 \times 3\ 744.88 \times 449.41}{720 \times 2 \times 0.031 \times 264\ 256} \times (105 + 322)$$

$$=670.12(\text{min}) \tag{6.21}$$

(c)将 $g=50-m_{定时}$ 代入 C_2，则有

$$C_2=\frac{1\ 036\ 800E(X^2)f'd}{N_i^2(50-m_{定时})E(X)}$$

$$=\frac{1}{\dfrac{N_i^2E(X)}{20\ 736E(X^2)f'd}-\dfrac{N_i^2E(X)m_{定时}}{1\ 036\ 800E(X^2)f'd}}$$

则 $m_{定时}$ 对 C_2 的影响值($\Delta C_{2m_{定时}}$)为

$$\Delta C_{2m_{定时}}=\frac{\Delta m_{定时}C_2C_2^*}{1\ 036\ 800\times 12f'd}\times$$

$$\left[3\left(\frac{N_i^2E(X)}{E(X^2)}+\frac{N_i^{*2}E(X)^*}{E(X^2)^*}\right)+\frac{N_i^{*2}E(X)}{E(X^2)}+\frac{N_i^2E(X)^*}{E(X^2)}+\frac{N_i^2E(X)}{E(X^2)^*}+\frac{N_i^{*2}E(X)^*}{E(X^2)}+\frac{N_i^{*2}E(X)}{E(X^2)^*}+\frac{N_i^2E(X)^*}{E(X^2)^*}\right]$$

$$=\frac{11\times 499.07\times 251.3}{1\ 036\ 800\times 12\times 480\times 0.031}\times$$

$$\left[3\left(\frac{11\ 025\times 4.86}{26}+\frac{103\ 684\times 9.72}{250}\right)+\frac{103\ 684\times 4.86}{250}+\frac{11\ 025\times 9.72}{26}+\right.$$
$$\left.\frac{11\ 025\times 4.86}{250}+\frac{103\ 684\times 9.72}{26}+\frac{103\ 684\times 4.86}{250}+\frac{11\ 025\times 9.72}{250}\right]$$

$$=618.75(\text{min}) \tag{6.22}$$

(d)将 $g=50-m_{定时}$ 代入 D_2，则有

$$D_2=\frac{E(X^2)f'}{2E(X)(50-m_{定时})}$$

$$=\frac{1}{\dfrac{100E(X)}{E(X^2)f'}-\dfrac{2E(X)m_{定时}}{E(X^2)f'}}$$

则 $m_{定时}$ 对 D_2 的影响值($\Delta D_{2m_{定时}}$)为

$$\Delta D_{2m_{定时}}=\frac{2\Delta m_{定时}D_2D_2^*}{6f'}\times\left[\begin{array}{l}2\left(\dfrac{E(X)}{E(X^2)}+\dfrac{E(X)^*}{E(X^2)^*}\right)+\\ \dfrac{E(X)}{E(X^2)^*}+\dfrac{E(X)^*}{E(X^2)}\end{array}\right]$$

$$=\frac{2\times 11\times 85.6\times 661.33}{6\times 480}\times$$

$$\left[2\times\left(\frac{4.86}{26}+\frac{9.72}{250}\right)+\frac{4.86}{250}+\frac{9.72}{26}\right]=365.36(\text{min})$$

(6.23)

(e)将 $g=50-m_{定时}$ 代入 E_2，则有

$$E_2=\frac{1}{\dfrac{N_i}{35\ 280}-\dfrac{N_i m_{定时}}{1\ 764\ 000}}$$

则 $m_{定时}$ 对 E_2 的影响值($\Delta E_{2m_{定时}}$)为

$$\Delta E_{2m_{定时}}=\frac{\Delta m_{定时}E_2E_2^*}{1\ 764\ 000\times 2}(N_i+N_i^*)$$

$$=\frac{11\times 1\ 120\times 1\ 369.56}{1\ 764\ 000\times 2}\times(105+322)$$

$$=2\ 042.17(\text{min}) \tag{6.24}$$

(f)将 $g=50-m_{定时}$ 代入 G_2，则有

$$G_2=\frac{1}{\dfrac{144\ 000}{e'N_i}-\dfrac{2\ 880m_{定时}}{e'N_i}}$$

则 $m_{定时}$ 对 G_2 的影响值($\Delta G_{2m_{定时}}$)为

$$\Delta G_{2m_{定时}}=\frac{2\ 880\Delta m_{定时}G_2G_2^*}{e'\times 2}\left(\frac{1}{N_i}+\frac{1}{N_i^*}\right)$$

$$=\frac{11\times 2\ 880\times 642.29\times 1\ 182.69}{264\ 256\times 2}\times\left(\frac{1}{105}+\frac{1}{322}\right)$$

$$=575.06(\text{min}) \tag{6.25}$$

则 $m_{定时}$ 对 Δt_2 的影响值($\Delta t_{2m_{定时}}$)为

$$\Delta t_{2m_{定时}}=-9.03\ \text{min} \tag{6.26}$$

d. 计算定编集结图定平均集结时间对相关子公式变化值的影响值。

在计算 $E(W)$ 对相关子公式变化值的影响值时，将 $f=20+E(W)$ 或 $e=400+E(W^2)+40E(W)$ 代入子公式计算。

(a)将 $f=20+E(W)$ 代入子公式 B_1，有

$$B_1=\frac{E(W)\times E(X(X-1))}{100E(X)b}+\frac{20\times E(X(X-1))}{100E(X)b}$$

则 $E(W)$ 对 B_1 变化值的影响值($\Delta B_{1E(W)}$)为

$$\begin{aligned}\Delta B_{1E(W)}&=\frac{\Delta E(W)\times E\ (X(X-1))^*}{2\times 100E\ (X)^*}\left(\frac{1}{b}+\frac{1}{b^*}\right)\\&=\frac{-274.3\times 240.28}{200\times 9.72}\times\left(\frac{1}{0.3}+\frac{1}{0.08}\right)\\&=-536.81(\min)\end{aligned}\tag{6.27}$$

(b)将 $e=400+E(W^2)+40E(W)$ 代入子公式 C_1，有

$$C_1=\frac{400N_i+E(W^2)N_i+40\ E(W)N_i}{144\ 000b}$$

则 $E(W)$ 对 C_1 变化值的影响值($\Delta C_{1E(W)}$)为

$$\begin{aligned}\Delta C_{1E(W)}&=\frac{40\Delta E(W)N_i^*}{144\ 000\times 2}\left(\frac{1}{b}+\frac{1}{b'}\right)\\&=\frac{40\times(-274.3)\times 322}{144\ 000\times 2}\times\left(\frac{1}{0.3}+\frac{1}{0.08}\right)\\&=-194.23(\min)\end{aligned}\tag{6.28}$$

e. 计算定时集结图定平均集结时间对相关子公式变化值的影响值。

当计算 $E(W')$ 对相关子公式变化值的影响值时，将 $e'=400+E(W'^2)+40E(W')$ 或 $f'=20+E(W')$ 代入子公式计算。

(a)将 $e'=400+E(W'^2)+40E(W')$ 代入 B_2，则有

$$B_2=\frac{720d(400+E(W'^2)+40E(W'))}{N_ig}$$

则 $E(W')$ 对 B_2 的影响值($\Delta B_{2E(W')}$)为

$$\Delta B_{2E(W')} = \frac{28\ 800\Delta E(W')}{6N_i^*}\left[2\left(\frac{d}{g}+\frac{d^*}{g^*}\right)+\frac{d^*}{g}+\frac{d}{g^*}\right]$$

$$= \frac{28\ 800\times(-274.3)}{322\times 6}\times$$

$$\left[2\times\left(\frac{0.031}{15}+\frac{0.019}{4}\right)+\frac{0.031}{4}+\frac{0.019}{15}\right]$$

$$= -92.61(\text{min}) \tag{6.29}$$

(b)将 $f'=20+E(W')$ 代入 C_2,则有

$$C_2 = \frac{1\ 036\ 800E(X^2)(20+E(W'))d}{N_i^2 gE(X)}$$

$$= \frac{20\ 736\ 000E(X^2)d+1\ 036\ 800E(X^2)E(W')d}{N_i^2 gE(X)}$$

则 $E(W')$ 对 C_2 的影响值($\Delta C_{2E(W')}$)为

$$\Delta C_{2E(W')} = \frac{1\ 036\ 800\Delta E(W')E\ (X^2)^*}{6N_i^{*2}E\ (X)^*}\left[2\left(\frac{d}{g}+\frac{d^*}{g^*}\right)+\frac{d^*}{g}+\frac{d}{g^*}\right]$$

$$= \frac{1\ 036\ 800\times(-274.3)\times 250}{103\ 684\times 6\times 9.72}\times$$

$$\left[2\times\left(\frac{0.031}{15}+\frac{0.019}{4}\right)+\frac{0.031}{4}+\frac{0.019}{15}\right]$$

$$= -266.32(\text{min}) \tag{6.30}$$

(c)将 $f'=20+E(W')$ 代入 D_2,则有

$$D_2 = \frac{E(X^2)(20+E(W'))}{2E(X)g}$$

$$= \frac{20E(X^2)+E(X^2)E(W')}{2E(X)g}$$

则 $E(W')$ 对 D_2 的影响值($\Delta D_{2E(W')}$)为

$$\Delta D_{2E(W')} = \frac{\Delta E(W')E\ (X^2)^*}{2\times E\ (X)^*}\left(\frac{1}{g}+\frac{1}{g^*}\right)$$

$$=\frac{(-274.3)\times 250}{2\times 9.72}\times\left(\frac{1}{15}+\frac{1}{4}\right)$$

$$=-1\ 117.05(\mathrm{min}) \tag{6.31}$$

(d)将 $e'=400+E(W'^2)+40E(W')$ 代入 G_2,则有

$$G_2=\frac{(400+E(W'^2)+40E(W'))N_i}{2\ 880g}$$

则 $E(W')$ 对 G_2 的影响值($\Delta G_{2E(W')}$)为

$$\Delta G_{2E(W')}=\frac{40\Delta E(W')N_i^*}{2\ 880\times 2}\left(\frac{1}{g}+\frac{1}{g^*}\right)$$

$$=\frac{40\times(-274.3)\times 322}{2\ 880\times 2}\times\left(\frac{1}{15}+\frac{1}{4}\right)$$

$$=194.23(\mathrm{min}) \tag{6.32}$$

当车流量分别为105辆和322辆时,定时集结出发列车数与图定出发列车数相同,因此定时集结按照图定时间发车,则有 $E(W)=E(W')$。依据式(6.8)~式(6.32),分别计算车流量、定时集结平均编成辆数、定编集结开行列车使用系数和图定平均集结时间对定时集结节省总车小时变化值的影响值,见表6.2。

表6.2 车小时参数影响值

项目	参数影响值
车流量 N_i	$\Delta A_{1N_i}+\Delta C_{1N_i}-\Delta D_{1N_i}-\Delta A_{2N_i}-\Delta B_{2N_i}-\Delta C_{2N_i}+\Delta E_{2N_i}+\Delta F_{2N_i}-\Delta G_{2N_i}=+71.74(\mathrm{h})$
加开列车后定时集结平均编成辆数 $m_{定时}$	$-\Delta A_{2m_{定时}}-\Delta B_{2m_{定时}}-\Delta C_{2m_{定时}}-\Delta D_{2m_{定时}}+\Delta E_{2m_{定时}}-\Delta G_{2m_{定时}}+\Delta t_{2m_{定时}}=-10.1(\mathrm{h})$
定编集结开行列车使用系数 ρ_{bi}	$\Delta B_{1\rho_{bi}}+\Delta C_{1\rho_{bi}}-\Delta D_{1\rho_{bi}}=-18.68(\mathrm{h})$
图定平均集结时间	$\Delta B_{1E(W)}+\Delta C_{1E(W)}-\Delta B_{2E(W')}-\Delta C_{2E(W')}-\Delta D_{2E(W')}-\Delta G_{2E(W')}=9.18(\mathrm{h})$

结合表 6. 1 和表 6. 2 可知:(1)一昼夜车流量增加 217 辆,定时集结节省总车小时增加 71. 74 h;(2)定时集结平均编成辆数增加 11 辆,定时集结节省总车小时减少 10. 1 h;(3)开行列车使用系数增加 0. 22,定时集结节省总车小时减少 18. 68 h;(4)图定平均集结时间减少 274. 3 min,定时集结节省总车小时增加 9. 18 h。

上述分析可知,对定时集结节省总车小时变化值的影响从大到小排序依次为:车流量 N_i > 定编集结开行列车使用系数 ρ_{bi} > 加开列车后定时集结平均编成辆数 $m_{定时}$ > 图定平均集结时间。

6. 1. 2 日欠轴车数的因素影响分析

由 4. 3. 4 可知,欠轴车列的平均欠轴车数(简称"欠轴车数")为

$$m_q = 50 - jp_{欠} \tag{6.33}$$

日欠轴车数为

$$m_{总q} = m_q\ n_{i欠} = N_i p_{欠}\ m_q / m_{定编} \tag{6.34}$$

当车流量由 105 辆增大到 322 辆时,日欠轴车数相关因素的变化值见表 6. 3。在计算时,为区分不同因素变化前、后的值,变化后的值用"*"表示。

表 6. 3 相关因素变化值

项　　目	N_i(辆)	$p_{欠}$	m_q(辆)	$m_{总q}$(辆)
变化前	105	0. 37	4. 95	3. 85
变化后	322	0. 13	29. 06	24. 33
变化值	+217	-0. 24	+24. 11	+20. 48

欠轴率对日欠轴车数变化值的影响值($\Delta m_{总q—p_欠}$)为

$$\begin{aligned}\Delta m_{总q—p_欠} &= \Delta p_{欠}\ N_i^*\ m_q^* / m_{定编} \\ &= [(-0.24) \times 322 \times 29.06]/50 \\ &= -44.91(辆)\end{aligned} \tag{6.35}$$

车流量对日欠轴车数变化值的影响值($\Delta m_{总q—N_i}$)为

$$\Delta m_{总q—N_i} = \frac{\Delta N_i \, p_{欠}}{2m_{定编}}(m_q + m_q^*)$$

$$= \frac{217 \times 0.24}{100} \times (4.95 + 29.06)$$

$$= 17.71(辆) \tag{6.36}$$

欠轴车数对日欠轴车数变化值的影响值($\Delta m_{总q—m_q}$)为

$$\Delta m_{总q—m_q} = \frac{\Delta m_q \, p_{欠}}{2m_{定编}}(N_i + N_i^*)$$

$$= \frac{24.11 \times 0.37}{100} \times (105 + 322)$$

$$= 38.09(辆) \tag{6.37}$$

依据式(6.35)～式(6.37),分别得到欠轴率 $p_{欠}$、车流量 N_i、欠轴车数 m_q 对日欠轴车数变化值的影响值,见表6.4。

表6.4　日欠轴车数因素影响值

项　　目	参数影响值
车流量 N_i	+17.71 辆
欠轴率 $p_{欠}$	-44.91 辆
欠轴车数 m_q	+38.09 辆

从表6.4看出:(1)一昼夜车流量增加217辆,日欠轴车数增加17.71辆;(2)欠轴率减少0.24,日欠轴车数减少44.91辆;(3)欠轴车数增加24.11辆,日欠轴车数增加38.09辆。

上述分析可知,对日欠轴车数变化值的影响从大到小排序依次为:欠轴率 $p_{欠}$ > 欠轴车数 m_q > 车流量 N_i。

由于定时集结加开列车数的计算值由日欠轴车数的大小决定,因此对定时集结加开列车数影响较大的因素分别为车流量 N_i、欠轴车数

m_q和欠轴率$p_{欠}$。

分析可知,影响定时集结节省总车小时和加开列车数的主要因素是车流量N_i、定编集结开行列车使用系数ρ_{bi}、欠轴车数m_q和欠轴率$p_{欠}$。

在计算定时、定编集结的技术经济效益时,货车采用定时集结的实际加开列车数有两种情况:①当加开列车数计算值与定编集结开行列车数的小数部分之和在0~1列之间(包括1列)时,定时集结实际加开列车数为$n'_{i差}=\lfloor n_{i1}\rfloor+1-n_{i1}$;②当加开列车数计算值与定编集结开行列车数的小数部分之和在1~2列之间(不包括1列)时,则定时集结实际加开列车数为$n'_{i差}=\lfloor n_{i1}\rfloor+2-n_{i1}$。

由此可知,定时集结加开列车数的计算值(或日欠轴车数)对两种集结模式的技术经济效益的影响是有限的,因此在分析相关因素对定时、定编集结技术经济效益的影响时,重点分析对定时集结节省总车小时影响较大的因素,主要是车流量和定编集结开行列车使用系数。

6.2 两种集结模式技术经济效益的分析计算

编组站作为货物列车的"生产工厂",其意义在于货车在编组站内消耗一定的机车作业成本和停留时间成本来实现运输组织形式的有效转变,并且使机车和线路能力得到节省和高效利用。

在铁路运营工作中,采用任何车流组织和技术措施,必然要求获得最大的经济效益,即以最少的人力、物力消耗,安全迅速地完成国家运输计划规定的任务。对铁路运营工作经济效益的评价,就是在完成一定运输周转量的前提下,通过运营工作指标的计算与分析,来确定由于改善运营工作所获得运营支出的节约。本章采用运输经济学原理对技术方案的经济效果进行分析、计算和评价,从而选出技术上先进、经济上合理的最佳方案,为决策提供科学的依据。

6.2.1　技术经济比较分析

在计算非经常性的或非例行的(如分析工作中)运输成本时,所采用的计算方法有支出率法、按支出项目直接计算法和支出比重法等。在分析计算机车车辆运用指标的经济效果时,一般采用支出率法。

按支出率法计算运输成本,是先将运输支出划分为与行车量有关支出及与行车量无关支出两部分,把各项与行车量有关支出分别归纳于关系最密切的指标里,然后将属于同一指标的各项支出加总,再以该指标总数除之,从而计算出每一单位指标的支出数,称之为支出率[48]。

铁路运输成本的大小,既取决于各项指标支出率的数值,同时也取决于为完成单位运输量所消耗的指标数的大小。在分析中,若支出率作为一项常量处理,则运输成本的变化系全部由为完成单位运输量所消耗指标数的变化所构成[48]。

支出率法的指标体系包括:车公里、车小时、机车公里、机车小时、机车乘务组小时、换算燃料公斤、列车乘务组小时、机车车辆总重吨公里、调车机车小时 9 项指标,因而总费用支出计算公式为

$$\begin{aligned} E_{总} = {} & C_{N_i S_{车}} \vartheta_{N_i S_{车}} + C_{N_i t} \vartheta_{N_i t} + C_{n_{i机} S_{车}} \vartheta_{n_{i机} S_{车}} + C_{n_{i机} t_{机}} \vartheta_{n_{i机} t_{机}} + \\ & C_{n_{i机乘} t_{机}} \vartheta_{n_{i机乘} t_{机}} + C_{燃料} \vartheta_{燃料} + C_{n_{i列乘} t_{机}} \vartheta_{n_{i列乘} t_{机}} + \\ & C_{总重} \vartheta_{总重} + C_{n_{i调机} t_{调机}} \vartheta_{n_{i调机} t_{调机}} + C_{无关} \end{aligned} \tag{6.38}$$

式中　$E_{总}$——总费用支出,元;

$C_{N_i S_{车}}$——单位车公里费用支出,元/车公里;

$\vartheta_{N_i S_{车}}$——消耗的车公里;

$C_{N_i t}$——单位车小时费用支出,元/车小时;

$\vartheta_{N_i t}$——消耗的车小时;

$C_{n_{i机} S_{车}}$——单位机车公里费用支出,元/机车公里;

$\vartheta_{n_{i机} S_{车}}$——消耗的机车公里;

$C_{n_{i机}t_{机}}$——单位机车小时费用支出,元/机车小时;

$\vartheta_{n_{i机}t_{机}}$——消耗的机车小时;

$C_{n_{i机乘}t_{机}}$——单位机车乘务组小时费用支出,元/机车乘务组小时;

$\vartheta_{n_{i机乘}t_{机}}$——消耗的机车乘务组小时;

$C_{燃料}$——燃料公斤费用支出,元/公斤;

$\vartheta_{燃料}$——消耗的燃料公斤;

$C_{n_{i列乘}t_{机}}$——单位列车乘务组小时费用支出,元/列车乘务组小时;

$\vartheta_{n_{i列乘}t_{机}}$——消耗的列车乘务组小时;

$C_{总重}$——单位机车车辆总重吨公里费用支出,元/机车车辆总重吨公里;

$\vartheta_{总重}$——消耗的机车车辆总重吨公里;

$C_{n_{i调机}t_{调机}}$——单位调车机车小时费用支出,元/调车机车小时;

$\vartheta_{n_{i调机}t_{调机}}$——消耗的调车机车小时。

式(6.38)中,各项指标的支出率是按一般条件计算的全路平均支出率,各项指标的单位支出费用见表6.5。

表6.5 单位支出费用表

支出率	数值	支出率	数值
货车小时	5.41[48] (元/车小时)	货运列车乘务组小时	40.57[48] (元/列车乘务组小时)
机车小时	203.4[48] (元/机车小时)	机车旅行速度	33.2 km/h
机车公里	23.53[48] (元/机车公里)	列车机车沿线辅助走行率	0.12
机车乘务组附加时间系数	0.2	调车机车小时	198.49[48] (元/调车机车小时)
机车辅助走行率	0.2	每万总重吨公里燃料消耗定额	18.57 kg

由于两种集结模式出发车流量相同，采用定时集结使得出发列车数增加，从而导致机车小时、机车公里、机车乘务组小时费用支出增加；但是定时集结严格按图行车，使得货车在集编系统以及前方编组站解体系统的总平均停留时间减小，导致货车车小时费用支出减小；由于定编、定时集结一昼夜内的货物周转量是相等的，因此换算燃料消耗是相等的。因此采用定时集结将引起货车车小时、机车公里、机车小时、机车乘务组小时、调车机车小时 5 项费用支出的变化。

比较定时集结和定编集结各项费用支出，得到各项指标费用支出的变化值如下：

(1)车小时

一昼夜定编相比定时集结多消耗的车小时($\Delta\vartheta_{N_it}$)为

$$\Delta\vartheta_{N_it} = N_i(t_{定编} - t_{定时}) \tag{6.39}$$

定编集结相比定时集结多消耗的车小时费用支出(ΔE_{N_it})为

$$\begin{aligned}\Delta E_{N_it} &= C_{N_it}\Delta\vartheta_{N_it} \\ &= C_{N_it}N_i(t_{定编} - t_{定时})\end{aligned} \tag{6.40}$$

式中　N_i——一昼夜内运输货车数，辆/d；

$t_{定编}$——定编集结模式货车在编组站内的平均停留时间，h；

$t_{定时}$——定时集结模式货车在编组站内的平均停留时间，h。

(2)机车公里

由相关文献[47]可知，一昼夜定时相比定编集结多消耗的机车公里为

$$\Delta\vartheta_{n_{i列}S_车} = n'_{i差}S_车 \tag{6.41}$$

$$\Delta\vartheta_{n_{i机}S_车} = \Delta\vartheta_{n_{i列}S_车}(1 + \beta_辅) = n'_{i差}S_车(1 + \beta_辅) \tag{6.42}$$

一昼夜定时相比定编集结多消耗的机车公里费用支出为

$$\Delta E_{n_{i机}S_车} = C_{n_{i机}S_车}\Delta\vartheta_{n_{i机}S_车} = C_{n_{i机}S_车}n'_{i差}S_车(1 + \beta_辅) \tag{6.43}$$

式中　$n'_{i差}$——去向 i 一昼夜定时集结实际加开列车数，列；

$\beta_{辅}$——列车机车沿线辅助走行率；

$S_{车}$——机车日车公里，机车公里/d；

$\Delta\vartheta_{n_{i列}S_{车}}$——定时相比定编集结多消耗的列车公里，列车公里/d；

$\Delta\vartheta_{n_{i机}S_{车}}$——定时相比定编集结多消耗的机车公里，机车公里/d；

$\Delta E_{n_{i机}S_{车}}$——定时相比定编集结多消耗的机车公里费用支出，元。

(3)机车小时

一昼夜定时相比定编集结多消耗的机车小时($\Delta\vartheta_{n_{i机}t_{机}}$)为

$$\Delta\vartheta_{n_{i机}t_{机}} = n'_{i差}t_{机}(1+\beta_{辅沿}) \tag{6.44}$$

$$t_{机} = S_{车}/v_{旅} \tag{6.45}$$

一昼夜定时相比定编集结多消耗的机车小时费用支出($\Delta E_{n_{i机}t_{机}}$)为

$$\Delta E_{n_{i机}t_{机}} = C_{n_{i机}t_{机}}\Delta\vartheta_{n_{i机}t_{机}} = C_{n_{i机}t_{机}}n'_{i差}t_{机}(1+\beta_{辅沿}) \tag{6.46}$$

式中 $t_{机}$——日车机车小时，机车小时/d；

$\beta_{辅沿}$——机车沿线辅助率；

$v_{旅}$——机车旅行速度，公里/h。

(4)机车乘务组小时

一昼夜定时相比定编集结多消耗的机车乘务组小时($\Delta\vartheta_{n_{i机乘}t_{机}}$)为

$$\begin{aligned}\Delta\vartheta_{n_{i机乘}t_{机}} &= \frac{\Delta\vartheta_{n_{i列乘}t_{机}}}{v_{旅}}(1+\beta_{辅沿})(1+\gamma_{机乘}) \\ &= n'_{i差}(S_{车}/v_{旅})(1+\beta_{辅沿})(1+\gamma_{机乘})\end{aligned} \tag{6.47}$$

式中 $\Delta\vartheta_{n_{i列乘}t_{机}}$——一昼夜定时相比定编集结多消耗的列车乘务组小组，列车乘务组小时/d。

一昼夜定时相比定编集结多消耗的机车乘务组小时费用支出($\Delta E_{n_{i机乘}t_{机}}$)为

$$\begin{aligned}\Delta E_{n_{i机乘}t_{机}} &= C_{n_{i机乘}t_{机}}\Delta\vartheta_{n_{i机乘}t_{机}} \\ &= C_{n_{i机乘}t_{机}}n'_{i差}t_{机}(1+\beta_{辅沿})(1+\gamma_{机乘})\end{aligned} \tag{6.48}$$

式中 $\gamma_{机乘}$——机车乘务组附加时间系数。

(5)调车机车小时

定时集结相比定编集结出发列车数增多,从而增加调车机车占用时间成本。本书将分别计算两种集结模式出发列车在集编系统和前方编组站解体系统内占用调车机车小时的差值。

①集编系统内定时相比定编集结多消耗编组调车机车小时

在某编组站上行编尾调车区分别配有两台调车机车,每台调车机车固定使用一条牵出线。由 4.4.1 可知,编组作业包括连挂车组、转场和以编组场和单机返回编组场的作业,因此编组一个车列占用调车机车的时间($t_{编占}$)为

$$t_{编占}=t_{编组}=t_{连挂}+t_{转}+t_{返} \tag{6.49}$$

式中 $t_{转}$——调车机车转线或转场时间,min;

$t_{返}$——调车机车从出发场返回编组场的时间,min。

$t_{连挂}$——调车机车连挂车组时间,min。

定时集结相比定编集结多消耗编组调车机车小时($\Delta\vartheta^{集编}_{n_{i调机}t_{调机}}$)为

$$\Delta\vartheta^{集编}_{n_{i调机}t_{调机}}=n'_{i差}(t_{编占}/60) \tag{6.50}$$

②前方编组站解体系统内定时相比定编集结多消耗驼峰调车机车小时。

在前方编组站解体系统内,驼峰均采用双推单溜的推送方式(驼峰具有两条推送线和一条溜放线),使用 2 台驼峰调车机车工作,并有驼峰调车机车担当调车场的整理工作。由 5.4.1 的结论可知,当甲机车在峰上解体车列时,乙机车可以去到达场取待解车列,并将车列推至驼峰信号机外等待,待甲机车解体车列完毕,并由峰顶退回驼峰信号机内时,乙机车即可将车列推上驼峰进行解体作业,因此解体每一车列占用每台调车机车的平均时间为

$$t_{解占}=(t_{甲}+t_{乙})/2 \tag{6.51}$$

式中　$t_{甲}$——循环周期内机车甲解体一个车列的平均时间,min;

$t_{乙}$——循环周期内机车乙解体一个车列的平均时间,min;

$t_{解占}$——循环周期内每辆机车解体一个车列的平均时间,min。

一昼夜定时相比定编集结多消耗驼峰调车机车小时($\Delta\vartheta^{解体}_{n_{i调机}t_{调机}}$)为

$$\Delta\vartheta^{解体}_{n_{i调机}t_{调机}} = n'_{i差}(t_{解占}/60) \tag{6.52}$$

一昼夜定时相比定编集结多消耗调车机车小时总费用支出($\Delta E_{n_{i调机}t_{调机}}$)为

$$\Delta E_{n_{i调机}t_{调机}} = C_{n_{i调机}t_{调机}}\Delta\vartheta^{总}_{n_{i调机}t_{调机}} \tag{6.53}$$

$$\Delta\vartheta^{总}_{n_{i调机}t_{调机}} = \Delta\vartheta^{集编}_{n_{i调机}t_{调机}} + \Delta\vartheta^{解体}_{n_{i调机}t_{调机}} \tag{6.54}$$

式中　$\Delta\vartheta^{总}_{n_{i调机}t_{调机}}$——一昼夜定时相比定编集结多消耗总调车机车小时,机车小时/d。

综上所述,定时集结相比定编集结节省总费用支出(或技术经济效益)($\Delta E_{总}$)为

$$\Delta E_{总} = \Delta E_{N_it} - (\Delta E_{n_{i机}t_{机}} + \Delta E_{n_{i机}S_{车}} + \Delta E_{n_{i机乘}t_{机}} + \Delta E_{n_{i调机}t_{调机}}) \tag{6.55}$$

平均每辆货车节省的费用支出(或技术经济效益)(Δe)为

$$\Delta e = \Delta E_{总}/N_i \tag{6.56}$$

6.2.2　技术经济效益计算

本书以某编组站去向1—4的车流为研究对象,通过第4、5章的计算结果得到车流相关参数值见表6.6。

将表6.5和表6.6的相关参数代入式(6.39)~式(6.56),得到不同去向车流采用定时集结相比定编集结节省的总费用支出,见表6.7;平均每辆货车节省的费用支出见表6.8。

表 6.6 不同车流的相关参数值

去向 i	N_i(辆)	ρ_{bi}	ρ_j	Δt_1 (min)	Δt_2 (min)	$t_{编占}$ (min)	$t_{解占}$ (min)	$n'_{i差}$ (列)	日车公里 $S_车$ (km/d)
1	105	0.70	0.86	143.47	12.63	24.10	25.50	0.90	40
2	213	0.85	0.87	54.48	5.34	29.30	24.60	0.74	10
3	308	0.88	0.86	28.28	4.51	27.20	23.00	0.84	60
4	322	0.92	0.86	5.43	2.71	29.90	20.10	0.56	50

注:$n'_{i差}$为定时集结实际加开列车数。

表 6.7 不同去向车流采用定时集结节省的成本 单位:元

去向 i	$\Delta E_{车小时}$	$\Delta E_{机车小时}$	$\Delta E_{机车公里}$	$\Delta E_{机乘小时}$	$\Delta E_{调机小时}$	$\Delta E_{总}$
1	1 477.90	247.02	948.73	59.13	132.64	90.36
2	1 148.90	50.78	195.02	12.15	109.06	781.87
3	910.62	345.83	1 328.22	82.78	123.80	-970.00
4	236.33	192.13	737.90	45.99	82.53	-822.21

注:$n'_{i差}$为定时集结实际加开列车数。

表 6.8 平均每辆货车节省的运输成本

N_i(辆)	105	213	308	322
Δe(元)	0.86	3.67	-3.14	-2.66

6.3 定时集结技术经济效益的因素影响分析

从 6.2.2 计算结果可知,当定时集结相比定编集结节省总费用支出 $\Delta E_{总}<0$ 时,该去向车流采用定编集结具有技术经济有利性;相反,当 $\Delta E_{总}>0$ 时,则该去向车流采用定时集结具有技术经济有利性。由此可知,定时集结和定编集结都具有技术经济有利性,本书将研究相关因素对定时集结模式技术经济效益的影响。

通过 6.1.1 和 6.1.2 分析可知，定时集结实际加开列车数对定时、定编集结模式技术经济效益的影响是有限的，因此在分析相关因素对定时集结相比定编集结节省总技术经济效益的影响时，主要分析的因素是车流量和定编集结开行列车使用系数。

为研究车流量和定编集结开行列车使用系数对定时集结相比定编集结节省总技术经济效益的影响，应用 Matlab 随机生成 4 组集结车流数据(每组开行列车使用系数是固定的)，使得车组到达间隔时间分布和平均到达率，以及列车发车间隔时间分布分别与去向 3—4 相同，车组平均大小随车流量同比例变化，相关参数值见表 6.9 ~ 表 6.12。

表 6.9　不同车流量相关参数值($\rho_{bi}=0.86$)

N_i(辆)	$n'_{i差}$(列)	$m_{定时}$(辆)	Δt_1(min)	Δt_2(min)
86	0.28	43	114.61	5.01
129	0.42	43	80.33	5.01
172	0.56	43	61.17	5.01
215	0.70	43	49.67	5.01
258	0.84	43	41.99	5.01

注：$n'_{i差}$为定时集结实际加开列车数；$m_{定时}$为加开列车后定时集结出发列车平均编成辆数。

表 6.10　不同车流量相关参数值($\rho_{bi}=0.88$)

N_i(辆)	$n'_{i差}$(列)	$m_{定时}$(辆)	Δt_1(min)	Δt_2(min)
88	0.24	44	92.98	4.17
132	0.36	44	64.79	4.17
176	0.48	44	48.77	4.17
220	0.60	44	39.32	4.17
264	0.72	44	32.88	4.17
308	0.84	44	28.28	4.17

注：$n'_{i差}$为定时集结实际加开列车数；$m_{定时}$为加开列车后定时集结出发列车平均编成辆数。

表 6.11 不同车流量相关参数值($\rho_{bi}=0.90$)

N_i(辆)	$n'_{i差}$(列)	$m_{定时}$(辆)	Δt_1(min)	Δt_2(min)
90	0.20	45	71.33	3.34
135	0.30	45	50.98	3.34
180	0.40	45	34.26	3.34
225	0.50	45	26.93	3.34
270	0.60	45	21.89	3.34
315	0.70	45	18.38	3.34

注:$n'_{i差}$为定时集结实际加开列车数;$m_{定时}$为加开列车后定时集结出发列车平均编成辆数。

表 6.12 不同车流量相关参数值($\rho_{bi}=0.92$)

N_i(辆)	$n'_{i差}$(列)	$m_{定时}$(辆)	Δt_1(min)	Δt_2(min)
92	0.16	46	40.92	2.50
138	0.24	46	26.95	2.50
184	0.32	46	16.77	2.50
230	0.40	46	11.00	2.50
276	0.48	46	7.76	2.50
322	0.56	46	5.43	2.50

注:$n'_{i差}$为定时集结实际加开列车数;$m_{定时}$为加开列车后定时集结出发列车平均编成辆数。

为避免调车机车占用时间和前方编组站驼峰相关参数对结果的影响,取不同去向调车机车占用时间的平均值进行计算,机车日车公里为$S_{车}=10$ km/d,驼峰负荷为0.86。将表6.9~表6.12相关参数值代入式(6.39)~式(6.56),得到不同车流量时各项费用支出,见表6.13~表6.16。定时集结节省货车技术经济效益随车流量、定编集结开行列车使用系数的变化趋势,分别如图6.1、图6.2所示。

表 6.13　不同车流量对应定时集结节省技术经济效益

($\rho_{bi}=0.86$)　　单位:元

N_i(辆)	$\Delta E_{车小时}$	$\Delta E_{机车小时}$	$\Delta E_{机车公里}$	$\Delta E_{机乘小时}$	$\Delta E_{调机小时}$	$\Delta E_{总}$	Δe
86	927.57	19.21	73.79	4.60	41.27	788.71	9.17
129	992.63	28.82	110.69	6.90	61.90	784.33	6.08
172	1 026.40	38.43	147.58	9.20	82.53	748.63	4.35
215	1 060.00	48.03	184.48	11.50	103.17	712.85	4.14
258	1 093.40	57.64	221.37	13.80	123.80	676.76	2.62

表 6.14　不同车流量对应定时集结节省技术经济效益

($\rho_{bi}=0.88$)　　单位:元

N_i(辆)	$\Delta E_{车小时}$	$\Delta E_{机车小时}$	$\Delta E_{机车公里}$	$\Delta E_{机乘小时}$	$\Delta E_{调机小时}$	$\Delta E_{总}$	Δe
88	770.85	16.47	63.25	3.94	35.37	651.82	7.41
132	820.76	24.70	94.87	5.91	53.05	642.22	4.86
176	840.12	32.94	126.50	7.88	70.74	602.06	3.42
220	862.70	41.17	158.12	9.85	88.43	565.12	3.21
264	881.94	49.40	189.75	11.82	106.11	524.85	1.99
308	901.18	57.64	221.37	13.80	123.80	484.58	1.57

表 6.15　不同车流量对应定时集结节省技术经济效益

($\rho_{bi}=0.9$)　　单位:元

N_i(辆)	$\Delta E_{车小时}$	$\Delta E_{机车小时}$	$\Delta E_{机车公里}$	$\Delta E_{机乘小时}$	$\Delta E_{调机小时}$	$\Delta E_{总}$	Δe
90	605.95	13.72	52.71	3.28	29.48	506.76	5.63
135	661.21	20.59	79.06	4.93	44.21	512.42	3.80
180	610.25	27.45	105.41	6.57	58.95	411.87	2.29
225	614.10	34.31	131.77	8.21	73.69	366.12	2.03
270	614.22	41.17	158.12	9.85	88.43	316.65	1.17
315	616.90	48.03	184.48	11.50	103.17	269.73	0.86

表 6.16　不同车流量对应定时集结节省技术经济效益

($\rho_{bi}=0.92$)　　　　单位:元

N_i(辆)	$\Delta E_{车小时}$	$\Delta E_{机车小时}$	$\Delta E_{机车公里}$	$\Delta E_{机乘小时}$	$\Delta E_{调机小时}$	$\Delta E_{总}$	Δe
92	360. 18	10. 98	42. 17	2. 63	23. 58	280. 83	3. 05
138	366. 45	16. 47	63. 25	3. 94	35. 37	247. 42	1. 79
184	319. 70	21. 96	84. 33	5. 26	47. 16	160. 99	0. 87
230	279. 97	27. 45	105. 41	6. 57	58. 95	81. 58	0. 44
276	255. 33	32. 94	126. 50	7. 88	70. 741	17. 27	0. 06
322	230. 24	38. 43	147. 58	9. 20	82. 53	-47. 50	-0. 15

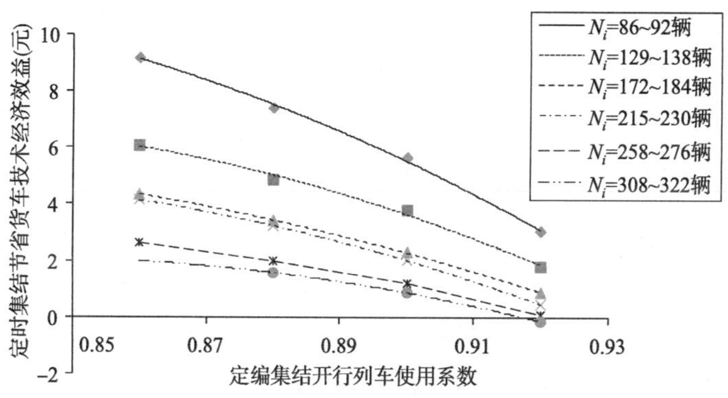

图 6.1　定时集结节省货车技术经济效益随定编集结开行列车使用系数的变化趋势

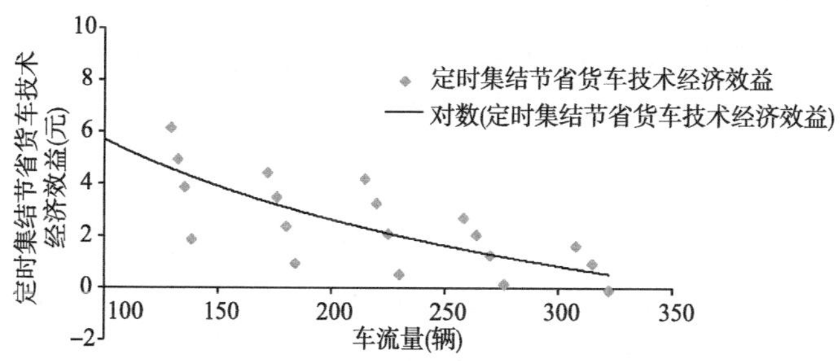

图 6.2　定时集结节省货车技术经济效益随车流量的变化趋势

当图定出发列车数不变时，开行列车使用系数 ρ_{bi} 随着车流量的增大而逐渐增大；而当车流量的继续增大时，图定出发列车数也相应增大，此时开行列车使用系数则减小，之后 ρ_{bi} 随着车流量增大而增大。因此随着车流量的增大，ρ_{bi} 的大小是波动的，拐点发生在图定出发列车数增大的时刻。例如，当车流量 N_i 为 85 ~ 100 辆时（$n_{i图}=2$ 列），ρ_{bi} 为 0.85 ~ 1；当 N_i 为 101 ~ 150 辆时（$n_{i图}=3$ 列），ρ_{bi} 为 0.673 ~ 1，拐点发生在 $N_i=101$ 辆，此时 ρ_{bi} 由 1 减小为 0.673。

由图 6.1 和图 6.2 看出：

（1）当图定出发列车数为定值时，开行列车使用系数 ρ_{bi} 随着车流量 N_i 的增大而逐渐增大；此时定时集结节省货车技术经济效益随定编集结开行列车使用系数 ρ_{bi} 的增大而逐渐减小，即 ρ_{bi} 越小，定时集结节省货车技术经济效益越大。

（2）而当 N_i 继续增大时，图定出发列车数也相应增大，此时开行列车使用系数 ρ_{bi} 则减小，将 ρ_{bi} 减小点称为“拐点”。可以得到：ρ_{bi} 拐点附近的车流，开行列车使用系数较小而车流量较大时定时集结节省货车技术经济效益大于开行列车使用系数较大而车流量较小时定时集结节省货车技术经济效益。例如，当 $\rho_{bi}=0.86$，$N_i=215$ 辆（$n_{i图}=5$ 列）时，定时集结节省货车技术经济效益为 4.14 元；而当 $\rho_{bi}=0.92$，$N_i=184$ 辆（$n_{i图}=4$ 列）时，定时集结节省货车技术经济效益为 0.87 元。

（3）当定编集结开行列车使用系数 ρ_{bi} 相等时，车流量较大时定时集结节省货车技术经济效益要小于车流量较小时定时集结节省货车技术经济效益。

（4）从整体趋势来说，定时集结节省货车技术经济效益随车流量的增大而波动减小。这是因为 ρ_{bi} 随车流量的增大是波动增大的，ρ_{bi} 在拐点（图定出发列车数增大）处会突然减小，因此定时集结节省货车技术经济效益会突然增大，之后定时集结节省货车技术经济效益随车流量的增大而减小。

由此得出:①定时集结节省货车技术经济效益主要由车流量和定编集结开行列车使用系数共同决定。小范围内(图定出发列车数为定值时),定时集结节省货车技术经济效益随定编集结开行列车使用系数的增大而逐渐减小;当开行列车使用系数 ρ_{bi} 相等时,车流量较大时定时集结节省货车技术经济效益要小于车流量较小时定时集结节省货车技术经济效益。②对于 ρ_{bi} 拐点附近的车流,定编集结开行列车使用系数较小而车流量较大时定时集结节省货车技术经济效益要大于定编集结开行列车使用系数较大而车流量较小时定时集结节省货车技术经济效益。③从整体趋势来说,定时集结节省货车技术经济效益随车流量的增大而波动减小。

参 考 文 献

[1] 李玮.基于货物送达时间分布的铁路货物运到期限保障问题的研究[D].北京:北京交通大学,2008.

[2] 谢攀.铁路零散货物快运的集散组织运作模式研究[D].成都:西南交通大学,2015.

[3] 李海霞. 我国铁路货运组织管理对策研究[D]. 大连:大连海事大学,2014.

[4] 胡思继. 铁路行车组织[M]. 北京:中国铁道出版社,1998.

[5] 胡思继. 规划型铁路列车运行组织理论与方法[M]. 北京:中国铁道出版社,2017.

[6] 胡思继. 实现"按图行车",改革我国铁路行车组织体制[J].铁道科技动态,1987(10):12-15.

[7] 陈小斌. 编组站货车集结规律与集结模式的计算[D]. 北京:北京交通大学,1999.

[8] PETERSEN E R. Railyard modeling: Part Ⅰ Prediction of Put-Through Times [J]. Transportation Science, 1977, 11(1):37-49.

[9] PETERSEN E R. Railyard modeling: Part Ⅱ The effect of yard facilities on congestion [J]. Transportation Science, 1977, 11(1):50-59.

[10] TURQUIST M A, DASKIN M S. Queuing model of classification and connection delay in railway [J]. Transportation Science, 1982, 16(2):207-230.

[11] 陆凤山,宋玉春,黄宣镌,等. 铁路编组站到达场:驼峰系统排队模型[J].铁道运输与经济,1980(2):44-49.

[12] 陶德高,方文俞. 编组站双溜放驼峰到达解体系统模拟分析法的研究[J].中国铁道科学,1991(1):93-102.

[13] WANG K H, HUANG H M. Optimal control of a removable server in an M/Ek/1 queueing system with finite capacity [J]. Microelectronics Reliability, 1995,

35(7):1023-1030.

[14] WANG K H, KUO M Y. Profit analysis of the M/Ek/1 machine repair problem with a non-reliable service station [J]. Computers and Industrial Engineering, 1997, 32(3):587-594.

[15] JAIN M, AGRAWAL P K. M/Ek/1 queueing system with working vacation [J]. Quality Technology & Quantitative Management, 2007, 4(4):455-470.

[16] 黄家厚. 铁路编组站的系统分析及负荷的研究[J]. 西南交通大学学报, 1986, 21(4):51-59.

[17] 毛保华. 编组站系统分析与优化[D]. 北京:北京交通大学,1987.

[18] 吴家豪. 铁路编组站系统设计优化[M]. 北京:中国铁道出版社, 1994.

[19] 朱晓立, 李夏苗. 提速干线上编组站到解系统匹配与协调关系的研究[J]. 中国铁道科学, 2004, 25(4):112-115.

[20] 朱晓立, 李夏苗. 提速干线编组站出发子系统内部匹配与协调关系[J]. 中国铁道科学, 2006, 27(5):118-121.

[21] 王慈光. 描述简单货车集结过程的群论模型[J]. 铁道学报, 1994, 6(3):66-71.

[22] 李夏苗, 邹毅峰, 胡思继. 技术站列车出发策略的经济性分析[J]. 中国铁道科学, 2001, 22(2):79-87.

[23] 王如义. 编组站自编始发货物列车定点发车模式的适应性研究[J]. 北京工业大学学报, 2011, 37(4):541-546.

[24] 王如义. 编组站货物列车发车模式分析及策略优化研究[D]. 成都:西南交通大学, 2006.

[25] SHUGHART L, AHUJA R, KUMAR A, et al. A comprehensive decision support system for hump yard management using simulation and optimization[R]. Technical Report, Innovation Scheduling, 2009.

[26] 刘晨, 孙晚华. 放宽条件定点集结模式下编组站车列解体顺序优化研究[J]. 铁道学报, 2012, 34(2):1-7.

[27] 崔园园. 编组站货车集结仿真研究[D]. 北京:北京交通大学, 2011.

[28] 钟雁, 张全寿. 铁路编组站调车作业计划决策支持系统的研究[J]. 铁道学报, 1994, 16(4):76-82.

[29] 孙晚华, 郑时德. 编组站到达流生成方法的研究[J]. 北方交通大学学报, 1994, 18(4):499-505.

[30] 蒋熙, 于勇, 苗建瑞, 等. 编组站技术作业过程实时模拟培训系统的研究[J]. 铁道学报, 2001, 23(5):7-11.

[31] 王应洛. 系统工程导论[M]. 北京:机械工业出版社, 1982.

[32] 张国伍. 交通运输系统分析[M]. 成都:西南交通大学出版社, 1991.

[33] 许国志. 系统科学[M]. 上海:上海科技教育出版社, 2005.

[34] 陆凤山. 排队论及其应用[M]. 长沙:湖南科学技术出版社, 1984.

[35] 陆传赉. 排队论[M]. 北京:北京邮电学院出版社, 1994.

[36] 唐应辉, 唐小我. 排队论:基础与分析技术[M]. 北京: 科学出版社, 2006.

[37] 武佩剑. 集装箱班轮航运网络可靠性建模与仿真研究[D]. 大连: 大连理工大学, 2010.

[38] 石英. 基于随机服务过程的铁路物流服务系统可靠性研究[D]. 长沙:中南大学, 2011.

[39] 徐光辉. 随机服务系统[M]. 北京:科学出版社, 1988.

[40] 张冕. 工作休假与马尔可夫到达过程的排队系统分析[D]. 长沙:中南大学, 2011.

[41] 李海鹰, 张超. 铁路站场及枢纽[M]. 北京:中国铁道出版社, 2011.

[42] 蔡金晶. 不确定条件下货车集结规律及集结时间研究[D]. 成都:西南交通大学, 2010.

[43] 李建文. 铁路编组站货车集结理论研究[D]. 北京: 北京交通大学, 2001.

[44] 郑时德, 杨肇夏. 编组站作业仿真及系统优化[M]. 北京:中国铁道出版社, 1996.

[45] COOPER R B. Introduction to queueing theory [M]. New York:North-Holland, 1981.

[46] 吴锦标, 刘再明, 尹小玲, 等. 基于排队论的一个物流模型[J]. 系统工程理论与实践, 2009, 29(9):78-83.

[47] 高静宇. 编组站驼峰能力与到达场股道数量的合理匹配[D]. 北京:北京交通大学,1984.

[48] 胡思继. 指标分析理论与铁路运营指标分析[M]. 北京:中国铁道出版社, 2010.